AI 时代

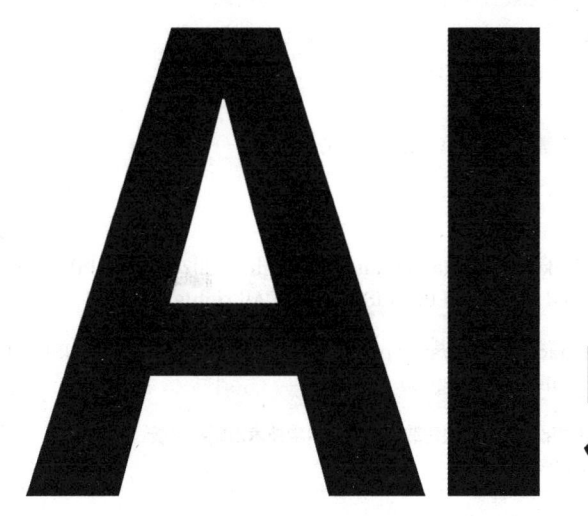

[日] 竹内薰 著
潘流霞 译

成为行业精英的融合型学习法

河北科学技术出版社

图书在版编目（CIP）数据

AI 时代成为行业精英的融合型学习法 /（日）竹内薰
著；潘流霞译. -- 石家庄：河北科学技术出版社，
2025. 5. -- ISBN 978-7-5717-2383-5

Ⅰ. G442

中国国家版本馆 CIP 数据核字第 2025G1U657 号

Toudai Sotsu Elite No Hiroku Fukai Manabikata Copyright © 2024 Kaoru Takeuchi Original
Japanese edition published by KANKI PUBLISHING INCAll rights reserved

Chinese (in Simplified character only) translation rights arranged with KANKI PUBLISHING INC. through
Inbooker Cultural Development (Beijing) Co., LTD

本书简体中文版由河北优盛文化传播有限公司取得，河北科学技术出版社出版。
著作权合同登记号 冀图登字：03-2024-143

AI 时代成为行业精英的融合型学习法
AI SHIDAI CHENGWEI HANGYE JINGYING DE RONGHE XING XUEXI FA

竹内薰 著 潘流霞 译

责任编辑	李 虎
责任校对	徐艳硕
美术编辑	张 帆
策划编辑	杜若婷
装帧设计	杨紫藤
出版发行	河北科学技术出版社
地 址	石家庄市友谊北大街 330 号（邮编：050061）
印 刷	定州启航印刷有限公司
开 本	710mm×1000mm 1/16
印 张	7.5
字 数	118 千字
版 次	2025 年 5 月第 1 版
印 次	2025 年 5 月第 1 次印刷
书 号	ISBN 978-7-5717-2383-5
定 价	49.80 元

前言

只有广泛深入地学习，才能拥有知识

我们人类正处于百年一遇的大变革之中，"生成式人工智能（AI）"的惊人发展，即将真正彻底改变我们的学习和工作方式。而在2025年，这一趋势很可能会加速。

ChatGPT是目前世界上令人震惊的发明之一，它是由美国风险投资公司OpenAI创造的一种交互式人工智能。由于ChatGPT可以用自然的语言回答用户输入的问题，就像在与人对话一样，它的全球用户数量正在持续地快速增长。

ChatGPT的出现即将改变教育甚至商业的运作模式。

未来学家、世界人工智能研究权威人士雷·库兹韦尔在其著作《奇点临近》中预言，与人脑同等水平的人工智能将在2045年诞生。

然而，随着生成式人工智能的诞生，奇点的到来比雷·库兹韦尔预言的时间更早。我们现在正处于"人工智能革命"的巨变之中，它将在瞬息之间改变我们的学习和工作方式，并且，这种"进化型"人工智能正在影响着我们的学习和工作方式。

ChatGPT已经成为教育和商业领域的热门话题，野村综合研究所于2023年5月发布的日本ChatGPT使用率调查（截至2023年4月）展示了不同职业的ChatGPT使用率。

请看下一页的图表。

在这张图中，引起我注意的是教育和商业领域对ChatGPT的超高使用率。很显然，ChatGPT的诞生给传统的学习和工作方式带来了一波重大冲击。

然而，对这些变化感到无所适从的人似乎并不在少数。

I

▶ 不同职业的 ChatGPT 使用率

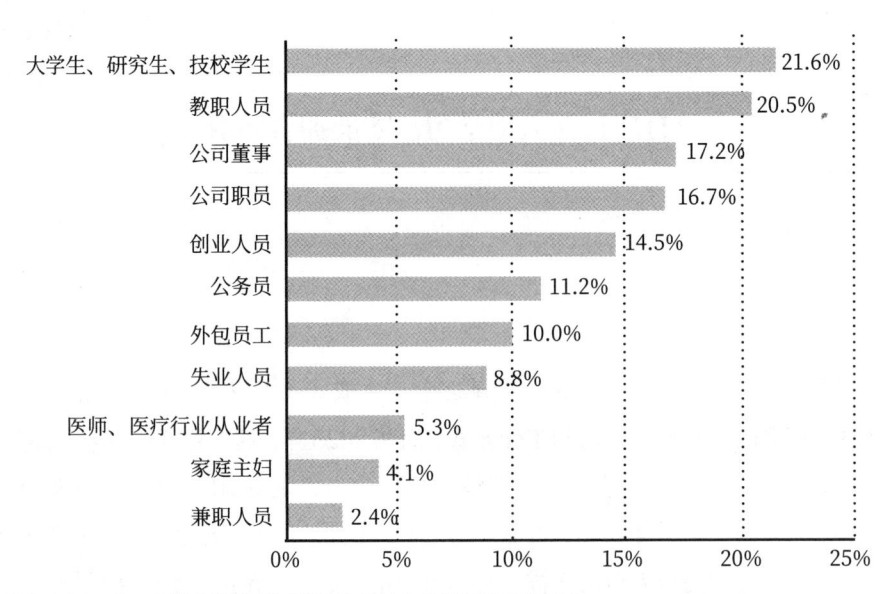

大学生、研究生、技校学生	21.6%
教职人员	20.5%
公司董事	17.2%
公司职员	16.7%
创业人员	14.5%
公务员	11.2%
外包员工	10.0%
失业人员	8.8%
医师、医疗行业从业者	5.3%
家庭主妇	4.1%
兼职人员	2.4%

数据来源：由日本椑出版社根据野村综合研究所的数据编制而成。

现在，不仅是在日本，世界各地的大学都在为学生制定使用 ChatGPT 的作业指导手册，有些大学甚至禁止学生使用 ChatGPT 撰写报告等。

例如，日本上智大学就明令禁止学生在未经教师许可的情况下，在报告中使用人工智能生成的文本和计算结果，一经发现，将视作违规行为，并且给予严厉的处罚（截至 2023 年 3 月消息）。

企业在使用 ChatGPT 的过程中，也在努力寻找防止信息泄露和版权侵权等问题的解决方案。

为了解决类似问题，我想用一种非常日式的思维方式来发问：

▶ 当我们的工作方式发生了翻天覆地的变化时，如何在 AI 时代学习？

新技术的出现也凸显了我们面临的一些问题。

人工智能时代需要什么样的学习方式？

人工智能时代需要什么样的工作方式？

至少在我身边，围绕着这些问题的争论已经进入了白热化的阶段。

我在东京大学先后取得了教养学科学士学位和物理学硕士学位，并在加拿大麦吉尔大学取得了博士学位。

在加拿大麦吉尔大学攻读博士学位期间，我一直以科学作家的身份与世界分享有趣的科学。

此外，我还担任过NHK电视节目"科学ZERO"的领航员和TBS电视节目"Hiruobi!"的评论员，也在全国各地的广播电台和讲座上发表过演讲，工作领域十分广泛。

在教育培训领域，我创办了YES国际学校并担任校长一职，我们学校主要开展日语、英语和编程语言的"三语教育"。

通过这些活动，我一直在思考，在即将到来的人工智能时代（可以说是百年一遇的大变革时代），人们需要如何激发自己的潜能，我们人类又需要怎样的学习和工作方式。

在我看来，关键词之一就是"技能重塑（Reskilling）"。在我看来，"技能重塑"意味着不断学习和掌握新的知识和技能，以跟上技术发展和商业变革的步伐。

毫不夸张地说，技能重塑是AI时代所需的一项生存技能。

在瑞士达沃斯举行的2020年达沃斯会议上，"技能重塑革命"（Reskilling Revolution）一经宣布，便备受瞩目。

技能重塑革命旨在到2030年为10亿人提供新的教育和工作岗位，帮助人们通过掌握新的知识和技能，来应对第四次工业革命带来的变化。

那么，为什么这种技能重塑是AI时代我们所必需的一种学习方式呢？

答案很简单。

因为随着以AI为首的数字技术的发展，商业模式和服务正在发生重大变化。

在这种情况下，与人工智能相关的新职业正在兴起，许多职业正在朝着新的工作方式和数字化的方式发生重大转变。

于是，人们认为有必要通过不断掌握新技能，即技能重塑，以适应未来不断变化的生存环境。

三十年前，通俗意义上的成功是上一所好大学，然后在一家著名的公司找到一份稳定的工作。但现在，这种成功途径即将消失。

原因在于，随着以 ChatGPT 为代表的生成式人工智能的诞生，通过死记硬背获得的知识已经无法与之竞争。

当然，最起码的知识水平是必要的，但背诵和记忆是 AI 最擅长的，所以对我们人类来说已不再占据很大的优势。

我们需要发展我们的"思维意识"——这将在本书中详细说明，并通过"切实的掌握"来"拥有"真正的知识，之后，我们就可以进行更加务实的、也是更加重要的思考："我们该如何利用这些知识和技能？"

▶未来工作所需的技能重塑是什么？

在过去几年里，我们看到有关"技能重塑"的书籍越来越多。

当你拿起这类书籍翻阅时，你会发现，技能重塑的需求被描述为"为 DX（数字化转型）做好准备"。

许多关于技能重塑的书籍，如《不断更新你的技能：技能重塑》，都提出了这样的观点。

的确，这种想法没有错。

不过，我对技能重塑的看法有些不同。

例如，过去的会计员用纸和笔记账，现在的会计员用电脑记账，他们只是用不同的方式在做同一件事情。

另外，我也不会主张"人人必须懂点编程"，我并不建议所有人都去上编程课。显然，无论你如何努力学习数字技术和编程，都无法与飞速发展的人工智能相抗衡。

▶无论是在 AI 时代还是在 AI 时代之前，学习的重要性始终不变

我想在本书中传达的技能重塑的精髓，就是广泛而深入地、身体力行地学习和掌握自己感兴趣和好奇的东西，这样才能具有独创性，才能适应环境的任何变化。

我认为，能够在某个领域将某项知识和技能做到极致，是人工智能时代到来前后一直为人所推崇的学习能力，这将会影响人们的工作方式。

以下是我在自己的学习过程中注意到的一些要点，我认为这些要点都非常重要。如需了解更多信息，请从第 1 章开始阅读本书。

▶ 学习的关键在于"好奇心"

最重要、最有效的学习方法就是保持好奇心。

我将在后面详细介绍，在我小学三年级的时候，因为父亲被调到美国纽约工作，我进入了当地的一所小学。初到纽约的我听不懂英语，回到日本后，我又看不懂汉字。因此，我有两段学习成绩垫底的经历。

不过，在这两段求学生涯中，都有一些事情拯救了我。一个是纽约小学美术课上的项目式学习，另一个是在日本小学上的科学课。

当时，我虽然有点不务正业，但我喜欢画画，热爱科学，所以我总能够忘掉我不擅长的英语和汉字，全身心地投入我感兴趣的学习中。

渐渐地，我找回了自信，发现了学习钻研自己爱好的乐趣。

这是一次新奇的经历，让我意识到学习的起点是好奇心。

▶ 发现适合自己的学习方法和学习节奏

摆脱垫底成绩后，我继续学习，但要取得好成绩并不容易。这时，救星出现了。姑姑给我买了参考书和练习册。

我继续通过动手动脑和反复解题来学习，后来姑姑又给我买了一本有关如何做笔记的参考书。

这让我养成了充分利用笔记本空白处预习和复习功课的习惯，也让我找到了适合自己的学习方法。

找到适合自己的学习方法，是我自学并战胜高中和大学考试的动力。备考时，关键在于如何收集信息、把握出题倾向、制订学习计划，以及掌握学习节奏，这样才能按计划学习下去。我认为，我之所以能够通过这两次考试，就是因为我能够实实在在地遵循这些要点。

▶"深度学习"和"综合性学习"的潜能

在我的母校——筑波大学附属高中的独特课堂上，我学到了两种学习方式。这两种学习方式极大地拓展了我的知识的广度和深度。

一方面，正如我后面要介绍的那样，当时筑波大学附属高中的上课方式是，在不考虑课程设置的情况下，深入研究某一特定主题或人物，并由此进一步发展到周边内容的相关主题。起初我对此感到不解，但我相信，高中生时深入挖掘、横向学习的经历，在我后来继续攻读大学和研究生院期间，甚至在工作后成为成年人的过程中，形成了我自己的"学习风格"。

另一方面，我的大学同学中有许多人是充分发挥了死记硬背的本领才考上东京大学，结果在学习中迷失了方向，最后逃避学习、沉迷玩乐去了。环顾四周，那些已经形成深度学习、综合性学习风格的人，直到成年仍在继续学习。

对于重视积累广博知识的成年人来说，深度学习和综合性学习是必不可少的学习方式，我希望你也能发现它们的作用。

▶技能重塑乘以AI

为避免被AI时代抛弃而冒险的做法，并不是我心目中的技能重塑。相反，我认为技能重塑的关键在于好好地利用AI，回想自己小时候喜欢的东西，顺着自己的好奇心，持续学习、钻研自己感兴趣的东西。

我们鼓励大家不要急于学习编程等数字化技能，而是要重视自己的好奇心和兴趣，主动进行技能重塑学习，不断获取和拓展知识。

▶在学习中获得"思维意识"、掌握"身体力行"

这两者对于掌握知识至关重要。

例如,在用母语遣词造句和用英语传达细微语气差异时,思维意识是非常有用的,它也是使用人工智能时的一个重要因素(更多信息,请参见第 5 章)。

此外,当人们学习知识和技能时,用手写的方式去记忆是非常重要的,这样人们就可以通过身体运动来掌握这些知识。

在今后的学习中,掌握涉及身体认知的知识非常重要,而不是死记硬背。这是因为知识和技能一旦学会,就可以转化为长期的财富,终身受用。这也有助于通过利用 AI 来实现技能重塑。

▶学习在未来社会生存的"指南针"

一方面,只要还活着,我们就不仅会在工作中遇到失败,在日常生活中也会经历很多失败,遇到很多困难。另一方面,你一定会有期望、梦想和想做的事情。

在本书中,我们制作了一份学习指南,并讲述了一些有助于你思考未来的小故事,提醒你复盘失败经历的重要性,让你不断挑战自己,走向更美好的未来。在本书结束时,你将能够再次确认自己的学习方向。

我相信,你一定有想做或想学的事情。

衷心祝愿你能根据自己的兴趣,在学习的道路上不断前进。

AI

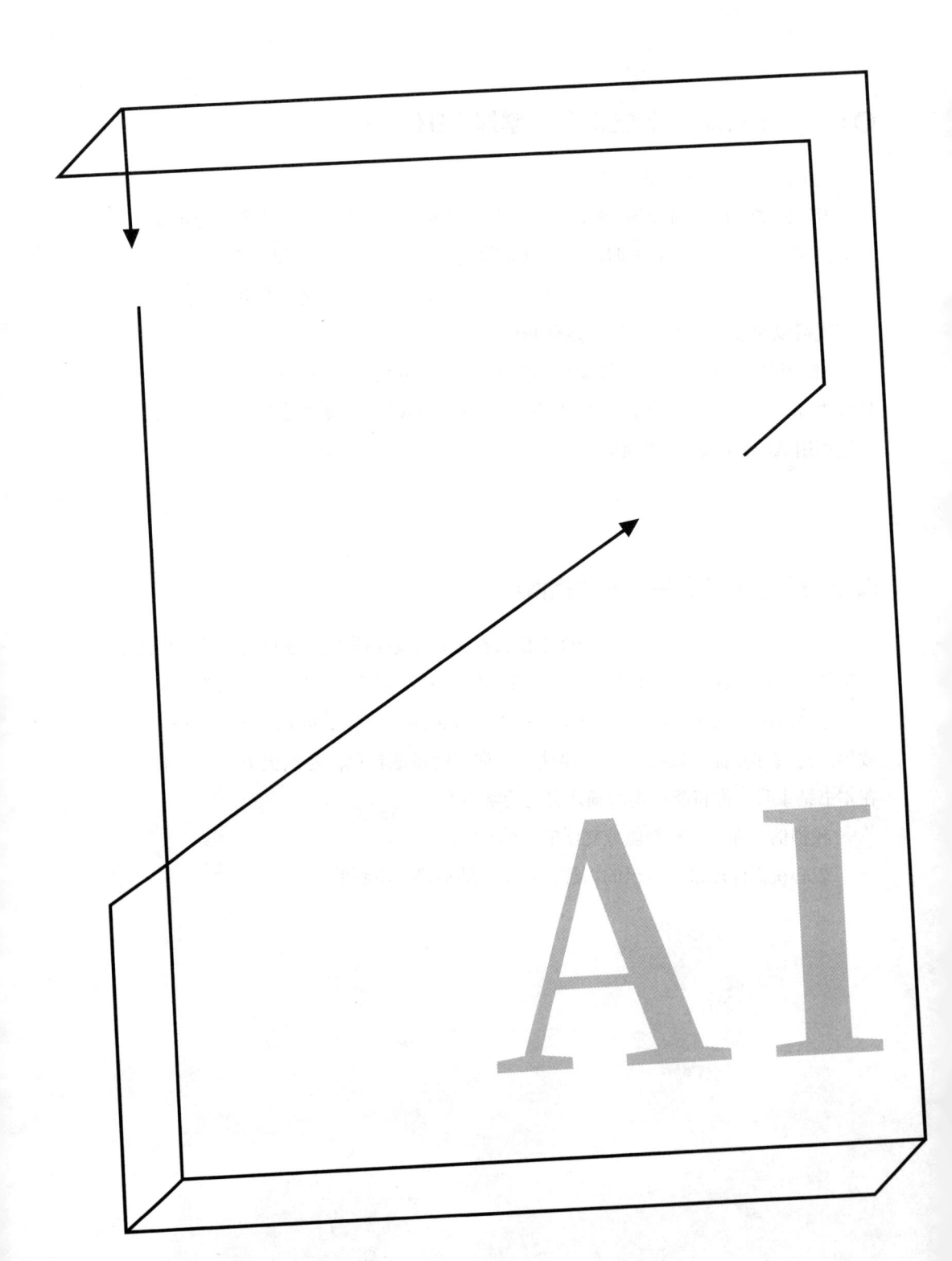

目录

第1章 两次垫底经历告诉我，"好奇心"是学习的起点

- 猝不及防——我在纽约小学当"差"班生 / 02
- 回到日本后，成绩再次垫底的我开始逃课！/ 04
- 被有趣的科学吸引，我最终重返校园 / 06
- 找到了适合自己的学习方法，我如愿考上重点大学 / 08
- 活用我的朋友茂木健一郎提倡的"强化学习循环" / 10
- 在这个"没有正确答案的时代"，可以采用项目式学习法 / 12
- 在筑波大学附属高中认识到了"深度学习"的重要性 / 14
- 跨越课堂界限的跨学科学习——"综合性学习"的效果 / 16

第2章 自学考上东京大学后，我明白了应试与求学的本质

- 我之所以能一次性考上东京大学，是因为我掌握了扎实的备考和学习节奏 / 20
- 在学习之前，收集信息和掌握出题方向起到了决定性的作用 / 22
- 如果我是一名初中生，我将尝试这样的方式备战东京大学的入学考试 / 24
- 在择校时过度重视学校，会使学习停滞不前 / 27
- 在东京大学教养学院，我深刻认识到了"慢节奏学习"的重要性 / 29
- 带着好奇心学习，才能广泛而深入地扩展知识 / 32

第 3 章　通过深度学习 × 综合性学习，拓展知识的广度和深度

- ▶ 用计算代替死记硬背，对数学和物理的理解便能更上一层楼 / 36
- ▶ 学习日语和数学中共通的"逻辑"可以同时学好这两门学科 / 39
- ▶ 综合学习数学和科学可以培养推理能力 / 42
- ▶ 综合学习英语和母语可以提高交际能力 / 44
- ▶ 学点拉丁语会让英语学习更轻松 / 47
- ▶ 将神话和宗教作为一个整体来学习，可以扩大知识面 / 49
- ▶ 走近科学，了解"希格斯玻色子"和"弦理论" / 51
- ▶ 脑科学和心理学的深入研究及综合学习可以引领未来 / 53
- ▶ 追溯科学和艺术的起源，可以拓展知识的广度和深度 / 55
- ▶ 通过"AI"加速综合性学习，达到技能重塑的目的 / 57

第 4 章　利用 AI 进行综合性学习，可加速"知识的获取"

- ▶ 大约一半劳动力将因人工智能而失业的时代即将到来？！ / 60
- ▶ 了解基本知识，做好准备，才能无惧人工智能的蔓延 / 62
- ▶ ChatGPT 是学习的救星还是恶魔？还是二者皆有之？ / 64
- ▶ "求证"是使用 AI 时不可或缺的一环 / 66
- ▶ 我们在技能重塑中追求的是"兴趣 × AI" / 69
- ▶ 通过"好奇心 × AI"的技能重塑，每个人都能做到 / 71

- ▶ 将英语和 AI 融会贯通的关键在于用日语进行逻辑表达的能力 / 73
- ▶ 利用 AI 将自己的想法和创意传播到全世界 / 75

第5章 "思维意识"和"身体力行"能够将知识转化为终生的"智力"

- ▶ "不属于自己的语言"既不自然，也让人难以理解 / 78
- ▶ 有意识地选择自然易懂的语言，消除"翻译腔" / 80
- ▶ 注意选择通俗易懂的语言，增强语言的思维意识 / 82
- ▶ 通过古典艺术和意大利语的学习，提升思维意识 / 84
- ▶ 只有身体力行，才能够掌握知识 / 86
- ▶ 掌握身体力行的最佳学习方法是训练"耳朵" / 90
- ▶ 我希望最终能通过身体力行来做到"独属于我的自由创作" / 92

第6章 为了未来的美好生活，掌握"学习指南针"

- ▶ "梦想 × 榜样"，通过综合性学习不断挑战自我 / 96
- ▶ 从失败中汲取教训之后，带着能量强势回归 / 98
- ▶ 美国国家航空航天局（NASA）的普遍看法是，"失败是必然的" / 100
- ▶ 宾得挑战为 1% 的粉丝设计相机 / 102
- ▶ 找到一个你热爱的领域，并保持比别人更"极致"的状态 / 104

壹

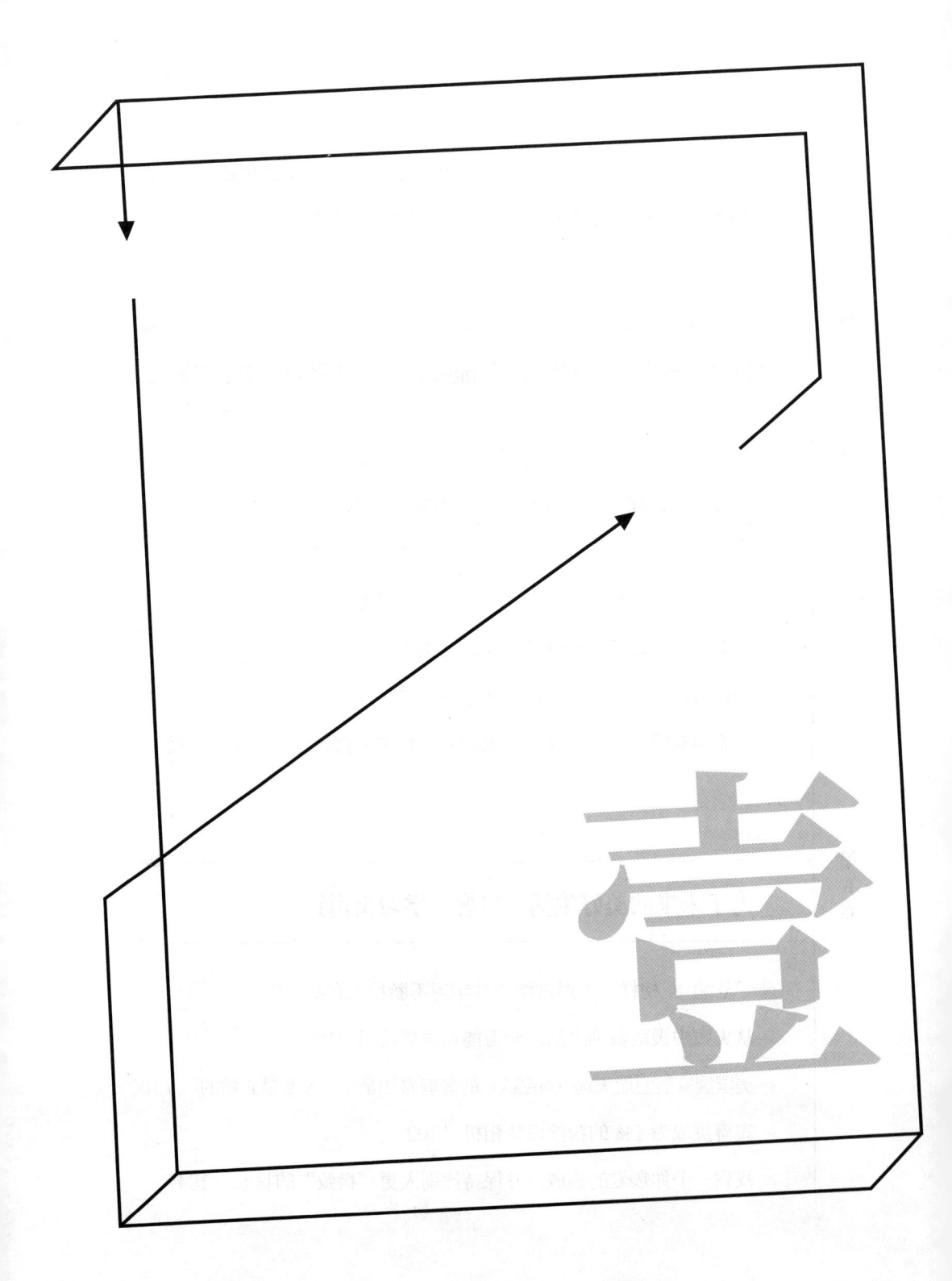

第 1 章

两次垫底经历告诉我，
"好奇心"是学习的起点

猝不及防——我在纽约小学当"差"班生

我高中毕业于日本很好的预备学校之一的筑波大学附属高中。

大学先后就读于东京大学教养学院和物理学院。

之后,在加拿大麦吉尔大学研究生院完成了博士学业。

当我这样介绍我的教育背景时,你可能会想:"竹内先生从小到大的精英教育真是一帆风顺啊。"

的确,我的许多高中同学和大学同学从小学时就一直名列前茅,成绩优异。

但我不同,作为吊车尾的学生,我总是在班级最后几名苦苦挣扎,而且不止一次得过倒数第一。

所以,我很惭愧地告诉大家,我首先要讲讲我当"差"班生的经历。

我第一次体会到垫底的滋味是在小学 3 年级的时候。

当时,随着我的父亲被临时派往纽约工作,我也突然被转入当地的一所小学读书。

虽然如今,纽约到处都有日语学校,但在我小时候,也就是 20 世纪 70 年代,当地还没有日语学校。

在我的记忆中,我们班里有很多不同种族的孩子,他们中的一些人和我一样不会说英语。

当时我们班可以大致分成两类人。一类是美国白人,他们会说英语,成绩好;另一类是像我这样的人,不会说英语,成绩差。

当时我还在上小学,不仅不会说英语,而且,我甚至连英文字母表都背不熟。

自然而然,我跟不上全英语讲授的课程,成绩不仅是全班垫底,放在整个年级来看也是不折不扣的"差"班生,老师在黑板上写的英语我一个字母也看不懂……

我在这样的环境中度过了很多天,尽管我很不耐烦,但老师还是无微不至地授课。

于是,我就想,先尽可能地把老师写在黑板上的内容抄在笔记本上,回家后让爸爸帮我翻译吧。

这样坚持下来，我渐渐开始理解黑板上英文的意思。尽管如此，对于小时候的我来说，因为不会说英语而得低分仍然是一件很让人难过的事情。

于是，我开始疯狂地学习英语。

现在，日本的小学也开设了英语课程，但在我看来，在非"被迫"的情况下学习英语并不会产生绝望感。

对我而言，如果不是因为差劲的英语让我几乎"寸步难行"，我是无法像抱住了救命稻草一样那么拼命地学习英语的。

如果听不懂英语，我无法跟上老师的课程；如果英语说不好，我的生活就会受到影响……如此这般严峻状况带给我危机感的同时，让我爆发出无限的动力，促使我努力学习英语。终于，在纽约待了6个月后，我总算能够在一定程度上听懂英语了。

当我开始能听懂一点英语时，我注意到了一些事情。

那就是，我的算术比其他孩子好。

为什么会这样呢？这是因为，日本和美国的数学教育存在差异。

其中一个差异就是九九乘法口诀。

在日本的学校里，学生们几乎无一例外地都会在二年级学习九九乘法表，但美国的学校却不教这个知识。在去美国之前，我在日本学过九九乘法口诀，所以我做数学题的速度比其他孩子快得多。

此外，随着我逐渐开始理解英语，又能够解决数学问题，我成了年级里数学成绩最好的学生。

同学们都夸我说："小薰的特长真了不起！"我也渐渐得到了班上成绩优异的白人群体的认可。这就是美国，一个实力至上的国家。

"不管是什么事情，只要我拥有某种在人群中脱颖而出的能力，我就能得到大家的认可。"

这就是我当时的心得体会。

回到日本后，成绩再次垫底的我开始逃课！

如今，重新回顾当时的生活，我又想起了日本课堂和美国课堂的不同之处。

日本小学有日语课，美国小学也有英语课。

在日语班级，学生们的日语水平差别不大，但在美国的英语班级，学生们的英语水平却有很大差异。

起初，我根本不会说英语，所以在每堂英语课上，我都不得不去英语水平最低的班级上课。

不过，正如我前面提到的，我逐渐开始升级到水平较高的英语课堂，一旦我能听懂英语，我就开始享受美国学校的课堂生活了。

在我擅长的数学课上，老师不仅在黑板上板书，还根据每个学生的水平使用不同的作业集进行辅导练习。

我记得当时的课堂模式主要是"发现问题"和"解决问题"，学生在解决问题的过程中如果有不明白的地方，可以向老师提问。

我特别喜欢这种"项目式学习"的课堂模式，这种模式目前在日本也很受关注。这是一种由学生自己设定主题，然后自己发现并解决问题的形式，当时可能还没有被正式命名为"项目式学习"。

有一件事给我留下了深刻印象，那就是当地的一位艺术家每周来学校上一次特别的艺术课。

只有经过挑选的学生才能参加这些特别课程，而我很幸运地被选中了。我不知道选拔的标准是什么，但老师可能是根据我的艺术和手工作品来选择我的。

这种课堂的内容是："你可以画你喜欢的任何东西。"

上课的形式并不是讲授如何画画，而是学生们想画什么就画什么，画完之后，老师会点评画作，然后继续问学生："那么，你下一步想画什么？"

有一天，一位美术老师对我说："小薰，你的画感很好。如果你继续学习绘画，升入中学后你可能会获得奖学金。"

当时，我对自己的未来有一个模糊的想法："哦！也许我可以成为一名艺术家。"

就这样，我逐渐适应了美国的生活和英语环境，日子过得很充实。就在这时，父亲告诉我，我们要搬回日本了。

我的艺术家之路就在这里中断了。

回国后，我转入了东京的一所公立小学就读五年级。那时，我面临着另一个语言障碍：汉字。

我在上文中提到过，我在纽约时没有上日语学校，因此在当地小学就读时，英语学习就已经让我手忙脚乱了。

所以，我根本没有学习过汉字。

在日本，三至五年级是学习许多汉字的时期。但我几乎没学过汉字，自然也就跟不上课程。

我的成绩又在班上垫底，上学变得困难重重，于是我渐渐地就不上学了。每天早上，我都想办法装病，求父母替我请假……

我想父母一定知道我是在装病，但是他们也知道我内心的挣扎，所以从来没有戳穿过我的谎言，也没有强行逼我去上学，而是温柔地守护了我。

如果当时我被迫上学，也许就没有今天的我了。

在我内心如此郁闷的时候，我的班主任很关心我。

她被称为"科学领域"的老师，为当地的孩子开设了科学课，并十分热情地向我发出了邀请。

从此，我的小学生活发生了变化。

被有趣的科学吸引，我最终重返校园

科学课是只有班上成绩最好的孩子才能上的课。但我的班主任却收留了我，尽管我的成绩在班里是最差的。

作为海归子女，我的汉字功底很差，日语也说不好，但老师为什么让我去上那个科学课呢？

直到现在，我有时还会想起那段日子。

这只是我的猜测，但也许老师注意到了我喜欢数学和科学，认为我可以在自己擅长的学科上有所发展。

想到这里，我只能说声谢谢。

当我真正上科学课时，我发现班主任设计的课程充满了精彩。

我们有时候观测星座，有时候观察小动物们的生态环境……这正是当时日本学校课堂上所没有的"项目式"学习。

"哦，科学原来这么有趣！"

我曾经厌学甚至逃课，但科学给了我前所未有的感受。

通过科学，我逐渐能够重返校园并融入校园生活。此外，我还在科学课上和学校里与其他热爱科学的孩子们成了朋友，阅读了科学方面的书籍，还顺便学会了认汉字。

这也许是我人生中第一次"综合性学习"。

也许这就是班主任邀请我上科学课的初衷。无论如何，与科学的相遇显然让我的人生向前迈进了一两步。一段时间后，我学会了所有必需的汉字，弥补了我在美国两年的生活空白。

虽然我终于摆脱了班级倒数第一的名次，但直到进入初中，我的成绩仍不理想。无论我怎么努力学习，在班上也只能勉强取得中等成绩。

大概在我上初中一年级的某一天，当时担任小学教师的姑姑又给我买了两本学习资料：一本叫《自由自在》的参考书和一本叫《训练卷》的练习册，现在可能已经不再出版了。当时这两本书让我受益匪浅，特别是训练卷，上面有很多插图，能够让人在学习的时候乐在其中。

　　之后，我开始使用这两本参考书和训练卷，主要用来预习和复习数学和日语。

　　过了一段时间，当我养成了预习和复习的习惯后，我在学习时突然意识到了一件事——我可能不是一个善于视觉学习的人……

　　我们通常用五感来理解事物，每个人的感官强项各有不同。比如，视觉主导型的人用眼睛看东西更容易记住，听觉主导型的人用耳朵听东西更容易记住。

　　学习也是如此。学习方式会影响我们的理解力和记忆力。就我而言，我是听觉主导型的人，这意味着我对声音的记忆会更好。

　　例如，当我记忆 $\sqrt{2}$（约等于 1.41421356…）时，我是通过"夜夜夜花开不同"（1.41421356 的日语谐音）这样的谐音口诀来组合记忆的，我意识到这种通过声音来学习的方式更适合我。

　　后来，学习微积分时，我开始通过自行脑补"上蓬减下蓬"等日语谐音来记忆微积分计算公式。

　　很久之后我才知道，许多天才数学家也是通过将公式简化成自己喜欢的音节，使用工具，甚至自编符号来记忆公式的。

　　在学习中，我利用姑姑给我的参考书和训练卷，反复预习和复习，进一步找到了适合自己的学习方法，并用它来背诵。如此一来，我的成绩逐渐提高了。

　　后来，当我升入初二时，我的成绩在年级里已经名列前茅了。

找到了适合自己的学习方法，我如愿考上重点大学

姑姑给我的参考书和培训试卷中都没有写任何提高成绩的特别秘诀。

在我的记忆中，它们只是介绍了一些常规的学习方法，如基础的预习和复习。

那么，究竟是什么让我在这么短的时间内突飞猛进，并取得了年级第一的好成绩呢？我认为一个重要的因素是我找到了适合自己的学习方法。

"我已经很努力了，但成绩却没有提高……"

"我觉得学习本来就没意思……"

如果你有这种感觉，可能是因为你的学习方法不适合你。

首先你要明白的是，学习方法因人而异，不存在适合所有人的万能学习方法。

根据我的经验，可以毫不夸张地说，几乎不存在"这种学习方法最好"或反过来说"这种学习方法毫无意义"的绝对性的说法。

找到适合自己的学习方法的秘诀是，不要被周围人的意见所左右，而是一定要抱着"找到适合自己的学习方法"的心态。

说自己学习不好或不喜欢学习的人，可能是因为父母、老师或周围的人都在"逼迫"他们学习。

理想情况下，你不应该采取这种被动的态度，而应该探索和设计适合自己的学习方法。只有不断尝试，才能找到适合自己的学习方法。

因此，勇于尝试是非常重要的。

就我而言，我意识到我是那种按照自己的节奏获取知识的人，而不是单纯地理解老师写在黑板上的内容。没错，这就是"项目式学习法"。

一旦我意识到这种学习方法适合我，我的成绩就开始戏剧性地提高了。

用适合自己的方式学习，让学习变得有趣，也让我能够毫不费力地坚持下去，成绩随之提高。

我还有一件事情想告诉你。

后来，我姑姑又给我买了一本关于如何做笔记的参考书。（别人在度过困难之后可能会说"谢天谢地"，我实在是应该说"谢谢姑姑"。）

具体的书名我不大记得了，但它详细介绍了在学习时做笔记的方法。

姑姑一定是看到了我记笔记的样子，然后心想："天哪，你记笔记记得这么乱……这可不行！"

我读了这本书后，第一次意识到："啊，原来别人都是这样把笔记写得漂漂亮亮的。"

从那以后，我就用这本书教给我的方法来整理我的笔记，在重要信息的底下画线，在需要记忆的地方加上小标题。

再补充一点，在课堂上，我不只是记笔记，还尽量用便于阅读的方式记录。事先留出一些空间，之后把补充材料粘贴在那里，或者把重点内容写进去。

这种记笔记的方式在预习和复习时也卓有成效。

如果事先将笔记整理得通俗易懂，就能在课堂上加深对当天课程内容的理解，因为事先已经预习过这些材料。此外，当我回过头来复习时，这些内容就能够深深地刻在我的记忆中了。

即使老师在课堂上突然开始讲授新内容，我也能凭记忆回忆起来，并将其与本节课联系起来，如"我记得在整理笔记时课本上有过这个内容"或"我记得在训练卷上做过这个内容"。

复习时，我把课堂上的重点内容写在事先准备好的笔记本的空白处，养成了考试前复习的习惯。我终于找到了适合自己的学习方法，尽管曾经两次学习成绩垫底，但我还是通过了筑波大学附属高中和开成高中的考试，这两所学校在当时都是出了名的难考的学校。

活用我的朋友茂木健一郎提倡的"强化学习循环"

"学习是大脑最快乐的事情。"

这是我在东京大学物理系认识的朋友茂木健一郎说的话。

茂木健一郎从东京学艺大学附属高中毕业后考入东京大学物理系,后来转入法学系,与我的模式正好相反。

现在,茂木健一郎经常成为公众议论的对象,但在我当时的印象中,他是那种安静、勤奋的人。在找到适合自己的学习方法的优秀学生群体中,茂木健一郎是一个代表人物。

在这里,我想先向大家说明一下本段第一句话的意思。

为什么说"学习是大脑最快乐的事情"呢?

曾经我和茂木健一郎一起吃饭的时候,他总是会说"高考很有趣""东京大学的入学考试小菜一碟"之类的话。

人们往往认为考试很难。

那么,为什么茂木健一郎会认为考试是有趣的呢?

这就是本节开场白的真正含义。

正如茂木健一郎的畅销书《充分利用大脑的学习方法》(PHP 研究所出版)中所解释的那样,我们的大脑中含有一种叫作多巴胺的神经递质,当我们感到高兴或快乐时,我们的大脑会释放多巴胺。

例如,像我这样的摄影爱好者,当我拍摄了一张构图精美的照片,我的大脑就会释放多巴胺,让我感到心情愉悦。对我的大脑来说,这会强化多巴胺释放之前发生的行为(这里指的是拍照),换句话说,就是发生了茂木健一郎所说的"强化学习"。

这种机制在学习中也是一样的。

例如,"我解决了一道数学题"→"产生多巴胺"。

那么,解答数学题的行为就会在大脑中得到强化,产生正向反馈。

当这种行为在大脑中得到强化时,"解决更多数学题"→"产生多巴胺"→"得到强化"→"我想解决更多数学问题"……在正向反馈的不断激励之下，我们解决数学题的行为就会越来越得到强化。

在大多数情况下，数学不好的人只是没有进入强化学习循环。

尺有所长、寸有所短。每个人都有长处和短处。

然而，擅长某件事并不是与生俱来的，也与你的个性无关。人们只是在强化学习循环没有运行起来的情况下，碰巧认为自己不擅长罢了。

第一步是迈出改变的一小步。

没必要和别人比较，觉得自己不如别人。无论进步有多小，只要对你来说是进步，你的大脑就会把它处理成"快乐"或"愉悦"，多巴胺就会被释放出来，从而触发"强化学习循环"。

强化学习的最初一两个循环是非常难以开始的，但一旦你开始并步入正轨，剩下的循环就会自然而然地运转。

如果你按照自己的节奏并怀着好奇心去学习，你会在不知不觉中取得巨大进步——茂木健一郎如是说。

还有一件事。让强化学习循环运行起来的一个注意事项是，如果任务难度过低或过高，多巴胺就无法正常分泌。如果难度太低，大脑就会变得懈怠；如果难度太高，大脑就会失去动力。

关键是任务难度要"恰到好处"。理想情况下，如果有一个障碍，你尽最大努力也只能勉强跨过，那么当你跨过这个障碍时，你就会获得最多的多巴胺。

问题在于如何找到适合自己的难度。

如果你要参加任何形式的考试，为什么不选择适合自己能力的教材，并在学习过程中享受乐趣呢？与其想着强迫自己养成学习的习惯，不如先选择一本你认为自己会喜欢的参考书或习题册，如我姑姑给我的训练卷，我一做起来就会废寝忘食。

即使要在同类参考书中做出选择，我也建议你优先考虑自己是否喜欢，尽量选择适合自己的参考书。

在这个"没有正确答案的时代",可以采用项目式学习法

"你为什么不上开成高中?"

有时我会被问到这个问题。答案很简单:因为开成高中是一所私立学校,学费很昂贵。

而我们家是非常普通的家庭,父母都是上班族,所以考虑到家庭的负担,我选择了筑波大学附属高中。因为作为一所公立学校,它的学费相对来说要低很多。

虽然现在,它们的学费可能相差不大了……

实际上,我在高中择校时也经历了一些波折。

我当时报考了四所学校。除了筑波大学附属高中和开成高中,我还报考了东京学艺大学附属高中和武藏高中。

但是,东京学艺大学附属高中和武藏高中我都没考上。

甚至,我连东京学艺大学附属高中的第一轮考试都没过。

后来,当我进行自我分析时,我意识到了一些问题。

在没有上补习班的情况下,我在家自学时有很多"薄弱环节"。

在补习班学习时,他们会教你如何学习,重点是传授应试技巧。通过解决补习班准备的大量问题,你就能克服自己的所有弱点和不足之处。

不过,我的学习方法是以项目式学习为主,自己深入研究喜欢的东西,所以在学习上有一种"偏科"的感觉。

在东京学艺大学附属高中和武藏的入学考试中,他们出的试题又恰好是我的薄弱项。

即便如此,我仍然认为自己不应该去上补习班,也不应该形成一种"标准解题模式"去应付所有的考试。

我认为,如果只专注应试学习,一旦遇到没有学过的应用问题,就无法发挥主观能动性去自己解决问题了。

我想让大家考虑一件事情。

在当今这样一个多元化的社会,你可能会听到有人在说"这是一个没有正确

答案的时代"。那么，要在一个没有正确答案的时代生存下去，需要什么样的学习方法，而不仅仅是为考试而学习呢？

我认为答案就是以探索为目的的项目式学习。

项目式学习是美国教育学家约翰·杜威在 20 世纪 90 年代初倡导的一种学习方法。

它是一种让学生自己发现问题、解决问题的学习方法。人们相信，这种项目式学习法可以培养学生解决问题的能力和实践能力。

大家可能都知道，项目式学习不是一个人就能完成的。它是一种团队学习方法，强调通过在课堂上组成人数较少的小组，与小组成员一起发现问题，提出若干解决问题的假设，并反复进行实验和验证，从而找到答案的过程。

让这种项目式学习法备受关注的背景是日本文部科学省（MEXT）正在提倡的"主动学习"。

主动学习又称"积极学习"，是一种旨在鼓励学习者（主要是小学生、中学生和大学生）主动而非被动学习的学习方法。

文部科学省提倡主动学习的原因之一是传统的被动式教学难以适应信息化和经济全球化等社会变革的步伐。

因此，可以采用主动学习和项目式学习方法来培养、完善个人的能力，并让每个人在多元化的社会中找准自己的位置。

无论是积极学习还是项目式学习，都不是被动学习，而是主动学习，换句话说就是"深度学习"。

无论哪种学习方式，深入挖掘都能学到很多东西。当好奇心和兴趣发展得枝繁叶茂时，我们就能挖掘得更深，学到更多东西。

当时的筑波大学附属中学就强调这种学习方式，接下来我将介绍这所学校。

在筑波大学附属高中认识到了"深度学习"的重要性

"文武双全"一词最初具有说教的含义,即身为一名优秀的武士,必须兼修"文武之道",做到学问高深、武艺高强。

在现代,这个词被用来指学习和体育(运动)两方面都很优秀。

筑波大学附属中学是日本领先的预备学校之一,但可以说,这所学校非常强调它不仅仅是一所"做学问的学校"。

学校独特的"文武之道"理念强调学生的独立、自主和自由,重视学术和体育活动中的合作体验。

因此,参加体育社团活动的学生在学校非常活跃。我也不例外,加入了马术社团,并在社团活动中努力学习。

然而,要做到"文武双全"是非常困难的。包括我在内,参加体育社团的同学都沉浸在社团活动中,把学习放在了一边。

特别是在高一和高二,我几乎把全部精力都集中在了参加马术俱乐部的活动上。

当然,在参加社团活动的同时,我继续以适合自己的方式学习,包括预习和复习。然而,在体育社团中,越是努力,占用的时间就越多。

这让我不得不提高学习效率。因为我的时间总是不够用,所以我必须想办法提高功课和备考的效率。

不过,当我尝试兼顾运动和学习时,我意识到了一件事。

我注意到运动对我的学习有积极的影响,能提高我的记忆力和注意力。我意识到,我不必像中学时那样拼命学习,就可以将知识装入大脑,自然而然地记住东西。

让我简单解释一下提高记忆力背后的机理。

当我运动时,我的大脑会获得更多氧气,从而激活大脑,提高记忆力。

换句话说,如果你想提高记忆力,而记忆力又是学习所必需的,那么你可以通过与运动相结合来达到事半功倍的效果,而不仅仅是在书桌前学习。

此外，运动不仅能增加脑部血流量，提高注意力，还能刺激体内多巴胺、血清素和去甲肾上腺素等神经递质的分泌，从而增强学习动力，使人能够以积极的态度学习。

当时我就知道，这些效果不是在书桌前学习就能达到的。

现在回想起来，我明白了筑波大学重视"文武之道"的原因。

也许其根本目的是让学生们认识到，努力学习和运动可以兼顾，并在两项活动中都取得好成绩，学习效果就会加倍。

另一方面，我们也面临着另一个问题。

那就是筑波大学附属高中的教学风格。

筑波大学附属高中是一所预科学校，在大家的印象中，可能是按照备战大学入学考试（日本高考）来授课的，但事实并非如此。

事实上，没有任何课程与入学考试有关。

我所选的课程都是老师们喜欢并愿意教的。

例如，在地理课上，我们根本不使用教科书，只是阅读地图，有一次还阅读了一本关于地图的新书，并就此撰写了一份报告。

通常在高中，大家都是围绕着教科书上课、学习的。读一本新书并写一份报告可能是大学级别的课程。

不过，它让我对地图有了非同寻常的了解……

当时我想，"这种东西在考试中应该完全没什么用吧"，并且有时候会因此感觉很沮丧。但现在的我已经意识到，当年的"深入学习"提高了我的学习水平。

事实上，当时的"深入学习"使我的思维达到了更深的层次，掌握了更广泛的知识。

我意识到，深入学习和综合性学习（将在下一节中介绍）是我后来大学学习必不可少的学习方法。

跨越课堂界限的跨学科学习——"综合性学习"的效果

我上高中的时候总觉得"学科科目只是人为设置的东西"。

换句话说，我认为学科之间的划分并不那么重要。让我领悟到这一点的是筑波大学附属高中的一位教伦理学和社会学的老师。

也许他想教的东西超越了学科的界限。这位老师上课几乎不用教科书。

例如，有一次我们上了一堂很长的课，讲的是从明治时代开始的民主运动，其中有很多不同的人物。包括我在内的很多学生都难掩困惑。

大家知道历史人物植木枝盛吗？

植木枝盛出生于土佐国（今高知县）的一个藩士家庭，是明治时期的思想家和政治家，他受到板垣退助的影响，并作为自由民权运动的理论领袖积极活动，组建了立志社和自由党。

大家可能或多或少知道植木枝盛这个名字，但是大概没有老师教过太多关于植木枝盛的知识吧。然而，我的老师用了三四节课的时间来细细地讲解了这个人物。

甚至某一堂课刚开始的时候，学生们会自然地感叹说："怎么又是讲植木枝盛？"

那么，老师为什么要花这么多时间来讲植木枝盛呢？

这可能是因为，通过介绍植木枝盛的社会活动，学生可以对当时的社会结构和历史环境有一定的了解。

如果死记硬背教科书上的人物，包括有关伦理学和社会学的教条，我们是无法理解那个时代历史人物的所作所为和扮演的角色的。通过老师的引导，我们不仅能够做到深入了解，而且能够进一步想象当时的社会与今天相比有哪些异同。

在植木枝盛所生活的时代，民主逐渐被压制，随后军国主义兴起，最终爆发战争。

为了了解这些时代趋势，我们更容易关注那些扮演重要角色的人，并将他们与历史事实联系起来。

当时我的老师选择了自己想教的人物，现在回想起来，这是深度学习和综合性学习的完美结合。

这位老师深入研究的另一个主题是足尾铜山矿毒事件。

足尾铜山矿毒事件是日本第一起污染事件，发生在明治时代的栃木县和群马县渡良濑川一带。

足尾铜山拥有明治时代（1868—1912年）日本最大的铜矿，但该铜矿开发过程中产生的有毒物质，如烟道气、矿毒气和矿毒水，对周围环境造成了重大影响，并对流域内的海产品和农产品造成了严重破坏。

这种情况导致当地居民的抗议运动日益高涨。

抗议运动的中心人物是当地政治家田中正造。田中正造在国会中提出了这一问题，并在全国各地发表演讲，试图让公众关注足尾铜山矿毒事件。

后来，田中正造的努力取得了成果，政府组织了一个调查委员会，并颁布了一项关于预防矿物中毒的法令。

不用说，这些深入浅出的课程超越了伦理学和社会学科的界限，与当代社会的科学发展和环境问题息息相关。

在地质学中，有一堂课是由一位拥有理科博士学位的老师为我们讲授板块构造。

当这位老师带领着我们学生了解整个地球的板块结构时，话题就会延续到地球内部，与地球科学融合在一起，进而引出物理学。

或者，我们会接触德国气象学家（现为地球物理学家）阿尔弗雷德·魏格纳的大陆漂移理论等，这些被奉为经典的理论在发表时几乎没有人相信……

通过这样的学习，我们可以领悟到一些东西。

那就是，虽然学科有一定的分类，但当我们跨学科进行深入挖掘时，就会引出完全不同的学科，我们就可以发展成为超越学科界限的跨学科研究。

贰

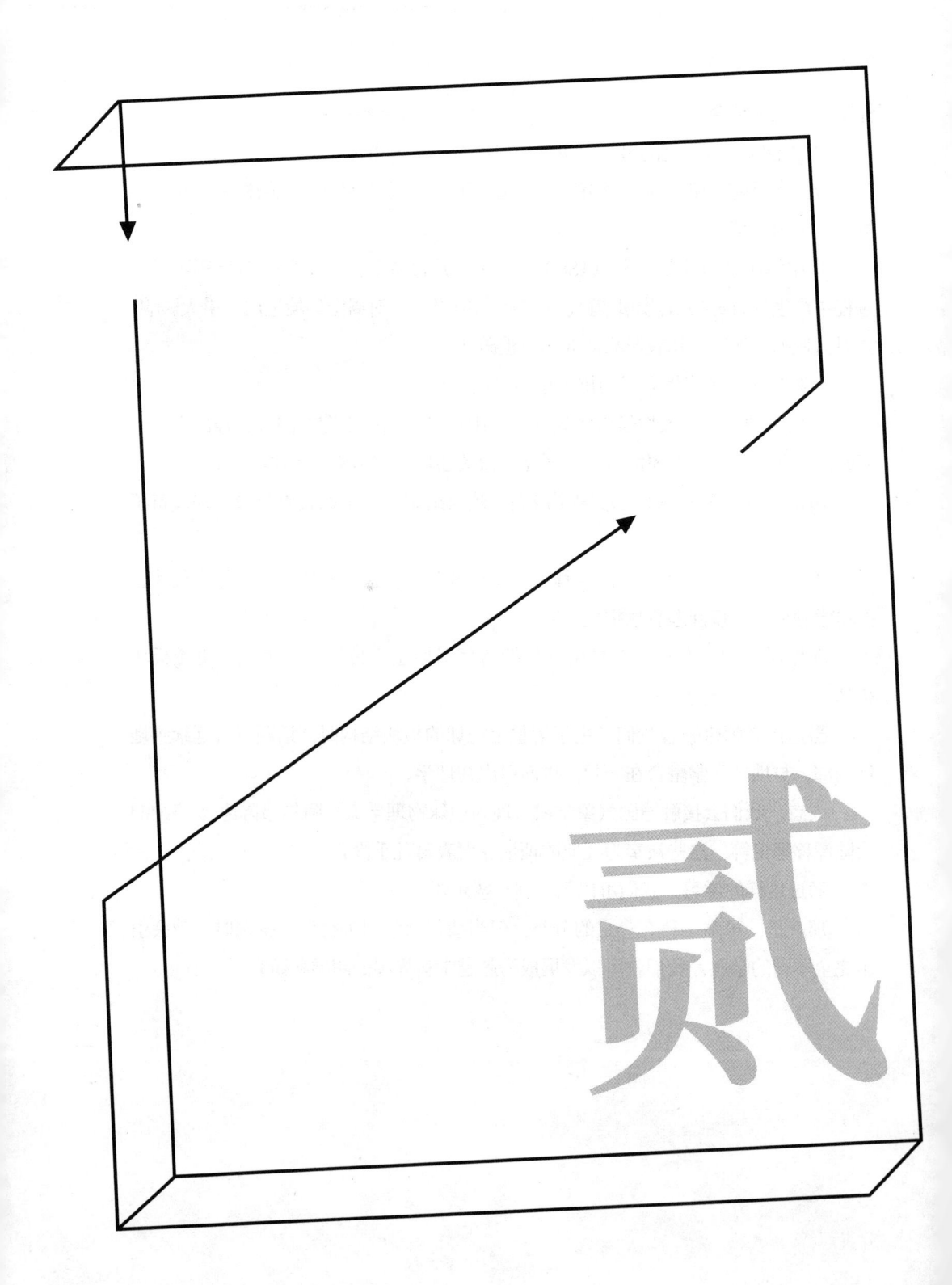

第 2 章

自学考上东京大学后，我明白了应试与求学的本质

我之所以能一次性考上东京大学，是因为我掌握了扎实的备考和学习节奏

首先，请让我介绍一下我的大学入学考试。

我在筑波大学附属高中的大部分时间里都在练习马术，但在高二第三学期结束时，我离开了俱乐部，决定彻底沉下心来准备高考。

为了了解自己的学习能力，我参加了一次模拟考试，结果成绩一点也不理想。强烈的危机感让我心急如焚，于是我开始认真思考如何复习备考。

英语是我的强项，所以没什么问题。问题在于语文和数学。

不过，我一直是个理科男，所以数学其实是我非常喜欢的科目，而且我能找到很好的参考书，因此在我认真开始复习备考后，我的成绩提高得相当快。

我使用的参考丛书是由当时的传奇补习班老师渡边次男编写的《渡边老师的数学参考宝典Ⅰ·ⅡB·Ⅲ》。我记得当时我之所以能够高效而愉快地学习和记忆，是因为这本书的结构类似于"字典"，我可以在每页上随意画出每项知识点并解答问题。

剩下的就是提高语文成绩了。虽然我不记得当时用的是什么参考书了，不过，我记得我们主要学习现代文学和经典作品的解读。

我当时的班主任黑泽博弘光是一位拥有筑波大学硕士学位的学者型日语教师，他写了很多参考书，所以我有一段时间也会使用他编写的参考书来学习。

我至今仍然觉得有些不可思议的是，我们在学校的课程都是这种深入浅出的式的……

就这样，我一边自学，一边在参考书和老师的帮助下，提高了我的学习成绩。但我也意识到了一件重要的事情——要战胜高考，最关键的是要掌握扎实的学习节奏。

就我而言，我在暑假期间养成了早上学习的习惯。

我每天早上5点起床，做好早餐，然后从5点半开始学习。下午，我会锻炼身体，换换心情，放松一下，这样就形成了一种稳定的节奏，养成了张弛有度的学习习惯。

当我坚持这样的学习节奏，跨越了重重障碍，总算在众多考生中脱颖而出，顺利考上了东京大学。

看到这里，你可能会想："就这么简单？"但其实我当时做到的确实也仅此而已。我认为，建立学习节奏并坚持下去，是备考时最重要的事情。

不过，我也确实将考试视为一个项目，并有计划地开展工作，这一点我将在后面讨论。

在克服了入学考试的竞争之后，当我第一次进入东京大学时，我有一种感觉。那就是"学生们学习意识的两极分化"。

我感觉到，通过死记硬背的应试教育进入东京大学的学生，与通过前面介绍的深度学习和综合性学习进入东京大学的学生，在进入大学后的学习态度上有很大的不同，几乎两极分化。

在我看来，约有80%的学生是通过死记硬背来学习应付考试的，而20%的学生则像我一样通过综合性学习来进行深入学习。

而那些约80%只为入学考试而学习的学生，可能因为通过东京大学考试获得了成就感，从而失去了在大学学习的意义。

即使他们遇到了阻碍，对学习的动机感到迷茫，大学也不会为他们解决这种烦恼。也许他们根本看不到自主学习的意义吧。

这些人之后将何去何从呢？

他们失去了学习的动力，跑去玩了。我的同学里有的人打麻将，有的人沉迷台球，一发不可收拾。在此之前，他们只是为了考试而学习，而现在，他们开始"享受自己的青春"了。

"学习一点都不酷！"成了他们的口头禅。

我曾经也觉得不可思议，忍不住想："既然如此，那你们为什么要进东京大学呢？"

经历了深度学习和综合性学习的学生们又发展得怎么样了呢？

进入大学后，他们以综合性的方式继续在自己感兴趣的领域进行深入学习。作为参考，我的兴趣包括文化人类学和实验心理学之类。通过对自己的兴趣和爱好进行深入、综合学习而形成特长的学生，与仅仅以考入东京大学为目标而学习的学生之间的差异十分明显。

在学习之前，收集信息和掌握出题方向起到了决定性的作用

考试的确是挡在我们面前的一堵"墙"。

由于没有按照一般高中的课程表准备高考，也没有上过补习班，我不得不在备战高考时采取战略性的思维。如何克服摆在我面前的人生障碍，对于当时还是高中生的我来说，是一个不小的挑战。

当然，大学录取并不是终极目标，但它仍然是挡在我面前的一堵墙。因为如果不突破这道障碍，我就无法迈向人生的下一步。

我做的第一件事就是"收集"有关高考的信息。我首先分析了东京大学红宝书中的历年考题。

我至今仍清楚地记得，当我翻开红宝书时的感觉——"啊，这就是我将要面临的考题啊。"

接下来，我试着解答东京大学过去的入学考题，但我完全解答不出来。我感到很不安，因为我连自己为什么解不出来都不知道。

于是，我找出了自己的薄弱环节，并想办法加以克服。

具体来说，我收集了有关考试的信息，解答了以往的考题，查看了问题的答案并与自己的答案进行对比。我不断重复这些步骤，以明确自己的问题所在。

当我明确了自己面临的挑战后，下一步就是该怎么做，但我一个人的力量是有限的。当时，我依靠的不是补习班，而是参考书和问题集。

在研究了东京大学入学考试的趋势后，我去书店寻找最好的参考书和题集，以帮助我强化薄弱环节。

通过这样的努力，我把入学考试看成是我必须解决的一个项目和必须克服的障碍，而战胜考试、通过考试也是完成这个项目的过程。

这与我的钢琴练习有异曲同工之妙。

如果你想认真学习钢琴，通常会从基础开始，循序渐进。例如，从拜尔的入门级练习曲开始，然后再练习车尔尼组曲。

然而，我并没有选择那些"高大上"的方法。

当我想演奏乐曲时，我会先考虑我想演奏的是哪一首，然后再思考："我怎样才能学会演奏这首乐曲呢？"

当我真正演奏这首曲子时，如果发现自己不会做某个手指动作，我就会细化问题，继续进行针对性的练习。

面对钢琴练习，我也总在自己感兴趣的基础上进行重复练习。

有人说，当你了解乐曲本身的结构时，钢琴演奏就会变得更加深刻。那么，如何理解所要弹奏乐曲的结构，需要掌握哪些乐理知识，需要掌握哪些和弦知识，当我们能够一一解答出这些问题时，就像完成了一个项目的推进一样。

让我们回过头来看。有些人可能会想："如果你想通过考试，去补习班不是更能保证成功吗？"

但是，对于把高考当作一个项目的我来说，去补习班学习并不是我喜欢的方法，而且我也不认为它有效。

事实上，当我有一次参加一个暑期培训班的时候，我就意识到了一个问题。

那个问题就是"低效率"。在我准备考试的时候，很少有补习班能提供像现在这样的个别辅导，它就像是集体教育的延伸，与学校课程一样。

因此，我认为听辅导老师讲课很浪费时间，大部分时间都在学习如何克服别人的弱点，就像坐在学校课堂上一样。

相反，我认为专注于自己的弱点，然后彻底粉碎它们，会让我的效率提高一倍或两倍。

结果显而易见。就这样，我的备考取得了成功，但有一点我想对大家说。

我想告诉大家的是：把考试作为一个项目来有计划地进行的人，在以后的学习中会有很大的进步。而且，他们还能继续活跃在社会上。

这是因为，当你把自己的学习和工作看作是一个需要解决的项目时，它就会训练你独立思考和设计的能力，并使你获得自主克服困难的方法。

如果我是一名初中生，
我将尝试这样的方式备战东京大学的入学考试

从我参加考试到现在，战胜考试项目的形式发生了很大变化。现在，我们可以在互联网上获得大量有关考试的信息。而且还有很多学习方法可供选择。这真是一个非常方便的时代。

例如，YouTube 上就有各种学习方法，制定克服考试弱点的策略也有很多种。

我认为，如果你能利用这些方法，你就能更有效地收集信息并克服自己的弱点，而且你的学习效率一定会大大提高。

我当时参加高考时与现在的另一个很大的不同是高考制度的结构。

目前，无论是公立大学还是私立大学，高考制度都分为普通选拔、学校推荐选拔和综合选拔三大类。

自 2021 年全国大学入学考试中心考试被普通大学入学考试取代后，之前的普通入学考试、学校推选考试、AO 入学考试分别被普通选拔、学校推荐选拔和综合选拔所取代了。

普通选拔	在更名为"普通选拔"之前，它被称为"普通入学考试"，选拔过程基于对申请人基本学术能力的评估。在所有大学入学考试方法中，该考试的报考率最高，但热门大学和院系的报考人数较多，这意味着选拔过程的难度也相应增加。

续表

学校推荐选拔	经校领导推荐后，选拔程序以文件审查、面试和论文为基础。不过，推荐标准因学校而异，如俱乐部活动（体育和文化活动）的成绩、校外活动的成绩和获得的资格证书等。
综合选拔	用入学考试的方法考查学生的能力是否符合招生政策。选拔过程因大学而异，一般包括自荐信、论文、面试和小组讨论。这种入学考试方法，主要评估学生对高等教育的热情、未来的潜力以及学生在高中时代积累的经验和活动，这些都是仅凭学业成绩考试无法判断的。
特殊选拔	这是一种包括社会人员选拔和归国人员选拔等在内的特殊选拔方法。 在了解了这个大学入学考试制度之后，我将来会用什么途径来备战东京大学呢？毫无疑问，我将采取第四种途径——"特殊选拔"。 如果我现在正在读初中三年级，而且我的目标是东京大学，我会毫不犹豫地去海外高中上学。 例如，东京大学2023年的世界排名是第39位，无论我的目标是东京大学还是排名第40位的哥伦比亚大学（加拿大不列颠），我都会去海外的高中。因为他们都没有纸质入学考试，因此无需参加补习班。

25

现实情况是，很多世界排名在 30 到 100 名的"东京大学级别"的大学比东京大学更容易进入（如果你会说英语的话）。

如前文所述，大学入学考试分为普通选拔、学校推荐选拔和综合选拔三种，所以现在不一定要参加综合选拔。

我从国外留学回来，现在的目标是参加特别选拔，这是针对在职人士和海归申请者的特殊途径。

事实上，除了普通选拔外，还有一种方法可以不参加统一考试（原国家中心考试），通过 IB（国际大学入学组织提供的教育课程）进入东京大学。

这就是所谓的"外国学校毕业学生特别选拔"。

东京大学网站上记载的内容可以在本书下文中找到。

如果我现在是一名学生，我会利用这种入学考试制度申请东京大学。

这是因为出国留学和高中三年在国外度过将有助于掌握英语语言技能，而且还将为你提供更多的入学考试选择，不仅是东京大学，其他很多大学也正在采用这一特别选拔程序。

大学网站提供各院系、学科的入学考试信息。

为了创建一个充满活力的多元化校园，除了一般选拔和学校推荐选拔，面向外国学校的毕业生，还有以下两种入学选拔方式。

第 1 种	选拔对象为自费留学生
第 2 种	选拔对象为归国学生

信息来源：东京大学

你可以在招生信息页面上了解有关不同入学考试制度的更多信息。

除了要了解入学考试的制度，你还应该查看申请表和申请指南，以确保选择适合自己的入学考试途径。

备战入学考试的第一步是收集有关考试的信息。

在择校时过度重视学校，会使学习停滞不前

关于选择学校，我们想告诉你一些事情。

我想说的是，你现在最好不要再考虑你的第一志愿、第二志愿、第三志愿或兜底志愿的选择了。这也是我经常对身边学生们说的一句话。

为什么呢？因为从长远来看，他们往往会失去学习的动力，而从短期来看，他们进入心仪学校的机会也会大大减少。

例如，假设有300名学生申请一个只能录取30名学生的大学专业，录取者与申请者的比例是10倍，也就是说，十个人中只有一个能被录取。这是一个极其困难的情况。如果你按照偏差递减的顺序参加入学考试，然后全部落榜，那将是非常不幸的。

与其这样，不如集中精力选择自己想要报考的大学，并将所有大学都作为第一志愿来备考。我认为这是最好的思考方式。

即便如此，也许你们还是会觉得有些难以理解。

那么，为什么我们无法摆脱第一志愿、第二志愿、第三志愿或兜底志愿的观念呢？众所周知，这可能是因为我们无法摆脱大学就是学历的观念。

不过，今后重要的不是以上一所稍微好一点的大学为标准来选择自己想去的学校，而是要看它是否能提供自己想要的学习环境。

如果你向欧美人提问"贵国最好的大学是哪一所？"，你得到的答案几乎无一例外都是："什么？你到底想问什么呢？"有些人可能会对这个问题感到奇怪。

在日本，人们倾向根据"这所大学很有名"或"这所大学排名很低"这样一种标准来决定职业道路，但在欧洲、美国和世界其他地方，很多人并不根据这样的标准来选择大学，而是专注于自己想学什么。

换句话说，他们是根据"在哪里可以学到我想学的东西"这一想法来决定进入哪所大学或哪个院系的。

假设你想学习社会学或物理学。

例如，"××大学社会学系的课程听起来很有趣"或"我想去××大学师从××物理学教授"，建议你在选择学校时，以其是否可以提供你想要的学习环境为依据，而不是以大学的名气为依据。

当今时代，学习变得越来越多样化，因此在决定职业道路之前，你需要了解自己的学习方向。

那种认为"上了这所大学，将来就会万事如意"的想法已经过时了。

你可能会认为东京大学是一所真正的高水平大学，拥有日本最好的教授，只有最优秀的人才能进入。

但事实上并非如此。其他大学也有很多优秀的教授，而且如前所述，也有一些人考入东京大学，但在学习过程中因迷失方向而退学。此外，并不是所有东京大学的毕业生都能继续活跃在社会上。关键在于学习的意愿和态度。

事实上，从东京大学毕业的人可能最明白这一点。

东京大学毕业生中的精英，是那些能够继续活跃于社会的人，也是那些意识到自己的求知欲很强，并认识到基于自己的好奇心继续学习的重要性的人。

此外，无论是否毕业于东京大学，越是出过国、了解过世界的人，就越会觉得"啊，世界上有这么多优秀的人才，我还差得远呢"。我也是这么觉得的。

世界上有许多不同的大学，有许多不同的特点。通过接触不同的人，经历不同的事，你的学习深度和广度都会增加。

因此，你选择学校的依据是什么，这是你学习的转折点，将影响你在大学的学习和进入社会后的发展。

是加速学习，还是停滞不前，这完全取决于你自己的学习意愿和态度。我希望你们都能意识到这一点。

在东京大学教养学院，我深刻认识到了"慢节奏学习"的重要性

从小学开始，我曾多次在班级排名倒数第一，但我找到了适合自己的学习方法，并被一所著名高中录取。此外，我还以在校生的身份通过了东京大学教养学科（法学预科）的入学考试。这似乎是一个真正的成功故事，但事实上，我还必须经历一段额外的"垫底"经历。

在开始之前，我想先说说我当初为什么会进入东京大学法学部，又为什么会留在教养学院，并最后进入物理学院成为理科学士。

在我还是高中生的时候，曾经有一段时间，我和现在的许多高中生一样，没有很认真地想过自己应该进入什么样的大学，将来应该从事什么样的工作。

就在那时，我想起了一个榜样。

他就是我的曾叔父。我的曾叔父是一位才华横溢的人，他毕业于神户大学法律系，曾进入日本银行工作，退休后成为大和证券株式会社的副总裁。

当时，我看着一直很富裕的曾叔父，心想："这就是人生成功的模式！"这似乎与我之前的观点相悖，但这正是我当初进入东京大学法学部的原因。

我如愿以偿地进入了东京大学法学部，但很快我就发现了现实情况与我想象的不同。

我意识到法律课程并不适合我。

我一直是个喜欢理科的男孩，所以学习我不感兴趣的法律实在是太难了。

而且，我在东京大学读书时，律师资格考试的通过率比现在低得多，难度也大得多。东京大学法学院每个班大约有30名学生，其中只有一人能够通过律师资格考试。

我对未来不抱希望，而且本来就对法律不感兴趣，于是我放弃了成为律师，转到教养学院教养学科学习科学史和科学哲学。

这就是我在教养学院学习的体会。东京大学教养学院有很多独具特色的教授。

有这么多独特的教授，也就意味着有很多独特的课程。

起初我有点怀疑，不知道这对我将来有什么好处，但教养学院给了我缓慢、

深入和广泛的学习机会，这对我后来的工作帮助很大。

除了科学史和科学哲学，还有教授研究文化人类学、实验心理学、古典希腊语甚至阿伊努语，所以我选择了各种各样的课程来满足自己的好奇心。

有些人可能会想："学习阿伊努语有什么意义？"其实，学习阿伊努语也是为了学习阿伊努文化，作为其延伸，你可以看到日本过去政策的精髓，并将其与外国文化进行比较，这也是一种跨学科的综合性学习。

古典希腊语的学习也是如此。我们不仅可以学习一门外语，还可以通过阅读柏拉图的著作和了解古希腊历史学到新知识。这就是综合性学习的一大优势。

无独有偶，和我一起学习古希腊语的一位同学后来成了埼玉大学的哲学教授，而同班的另一位学习教养学科的同学成了斯坦福大学的教授。同学中的许多人在全球范围内大放异彩。

在日本的许多大学，专业领域是在入学时决定的，但在高中时不可能确定自己将来的专业。

但是，由于这种制度，他们在没有太多信息的情况下就决定了专业。我在教养学科中学习到的是，有一种方法是多学习，然后慢慢决定自己的道路。这也是许多西方大学采用的制度。

换句话说，我认为，与其在高中阶段用狭窄的知识基础玩轮盘赌，不如在大学里花费适当的时间吸收多个领域的知识，然后再决定自己真正喜欢并能全身心投入的专业。

我就读的东京大学教养学科是日本为数不多的可以"慢慢决定人生方向"的专业。

从教养学院毕业后，我决定转入理学院物理系，再次学习我非常喜欢的物理学。

东京大学实行"学士入学"制度，即只要考试合格，就可以从一年级开始进入其他院系学习。

"现在，我终于可以尽全力学习我最喜欢的物理了。"

当时我并不知道，我正在接受一场意想不到的洗礼。

东京大学物理系的学生是所谓的铁杆精英，他们从小学开始就学习成绩优异。

顺便说一句，我就是在这个物理系认识了我的朋友、同为脑科学家的茂木健一郎。

他们和我一样，在高中学习古典文学和中国文学，在大学学习法律，但他们一直在探索自己最喜欢的科学和数学。

我和他们的差距显而易见。我解不出来的微积分方程，对我同桌来说却"很简单"。

我几乎沮丧地想："哦，我又回到了垫底的位置。"

不过，小学时的倒数第一和东京大学的倒数第一还是有很大区别的。

这就对了。我已经形成了一套适合自己的学习方法。

此外，一旦确立了适合自己的学习方法，就不必再为学习而苦恼。和以前一样，除了要做好预习和复习，还要深入挖掘，横向了解自己的兴趣爱好。如果我这样做了，很快就能赶上其他人。

我有这样的信心，即使觉得自己落后了，也能克服焦虑和急躁的心理。

回顾我的经历，我认为有三件事对我的学习很有帮助。首先，我的小学老师向我介绍了科学世界；其次，我的姑姑告诉我如何用适合自己的方式学习；最后，我发现了深度学习和跨学科学习。

我想，这三件事是我从年少时成绩垫底到通过东京大学入学考试的催化剂和推手。它们帮助我找到了适合自己的学习方法，并改变了我的人生。

我相信，如果你也能寻找并找到适合自己的学习方法，你的人生也会发生翻天覆地的变化。

带着好奇心学习，才能广泛而深入地扩展知识

我在东京大学学到的最重要的东西，就是带着好奇心学习的态度。

在东大的教养学院，有很多学生都想了解各个领域的知识，可以说他们都有"求知欲"。他们就像一群求知欲旺盛的学生，教授们则抱着"好吧，那我就把我知道的都教给你们"的态度进行授课。

教养学院的小班教学意味着老师与学生的距离很近，老师会根据每个学生的个性因材施教，这是另一个吸引人的地方。

例如，在一些热门的通识教育课程（如心理学）中，有的学院课堂有将近100名学生，而教养学院的小班课堂只有5名学生。

小班教学让我能够潜心进行深入的研究，这是我在一个大集体中无法做到的，我还能够学习一些信息量非常大的课程，我想，"如果我不来这个学院，我永远也学不到这些"。

最精彩的讲座是那些各领域专家教授分享自身经验的讲座。

例如，我在上艺术史课时，老师突然说："让我们先来了解一下菲利普·布鲁内莱斯基。"

菲利普·布鲁内莱斯基？有多少人知道这个名字？

对很多人来说，这可能是他们第一次听到这个名字。起初我也在疑惑："布鲁内莱斯基？他是谁？"

菲利普·布鲁内莱斯基是活跃于15世纪初文艺复兴时期佛罗伦萨的建筑师。布鲁内莱斯基因为完成了文艺复兴建筑杰作佛罗伦萨圣玛丽亚大教堂而闻名，他的另一项成就是基于视觉光学发现了透视法。

透视是一种技术手法，通过将三维空间的透视距离转化为二维平面（如绘画或素描），在平面画面中产生深度错觉。

他发现的透视法是一种科学方法，用于阐释当代艺术风景画中出现的地平线逐渐变窄并最终消失的现象。

通过这种透视法，他成功地在地平线上创造了一个"消失点"，并向其画了

一些线条，从而创造出一种三维效果。

当然，在此之前，人们也可以通过表现深度、缩小比例绘制物体和人物来表现空间，但从来没有人能够用科学规律来解释这种物体距离人眼越远仿佛就越小的现象。

例如，达·芬奇的名画《最后的晚餐》的背景就是以这种透视法绘制的。

布鲁内莱斯基的透视法成为文艺复兴时期艺术的支柱和现代绘画的基础，当我在课堂上了解到这个非常重要的人物时，我的求知欲更加强烈了。

在教养学院的讲座中，我还感受到了许多老师的激情。

他们给我们学生讲的故事，是你无法从讲义中获得的。

例如，布鲁内莱斯基的透视实验实际是在意大利进行的，给我们讲课的老师就顺便向我们详细讲述了他自己的意大利之行，以及旅途中的见闻与感悟。

物理老师还自豪地告诉我们，他参观了奥地利物理学家路德维希·玻尔兹曼的出生地和墓地。

我能够通过对这些故事的想象和感同身受来学习，这是一笔巨大的财富。

因此，现在的我依然能够带着好奇心去了解一切，好奇心就是我求知求学的起点。

叁

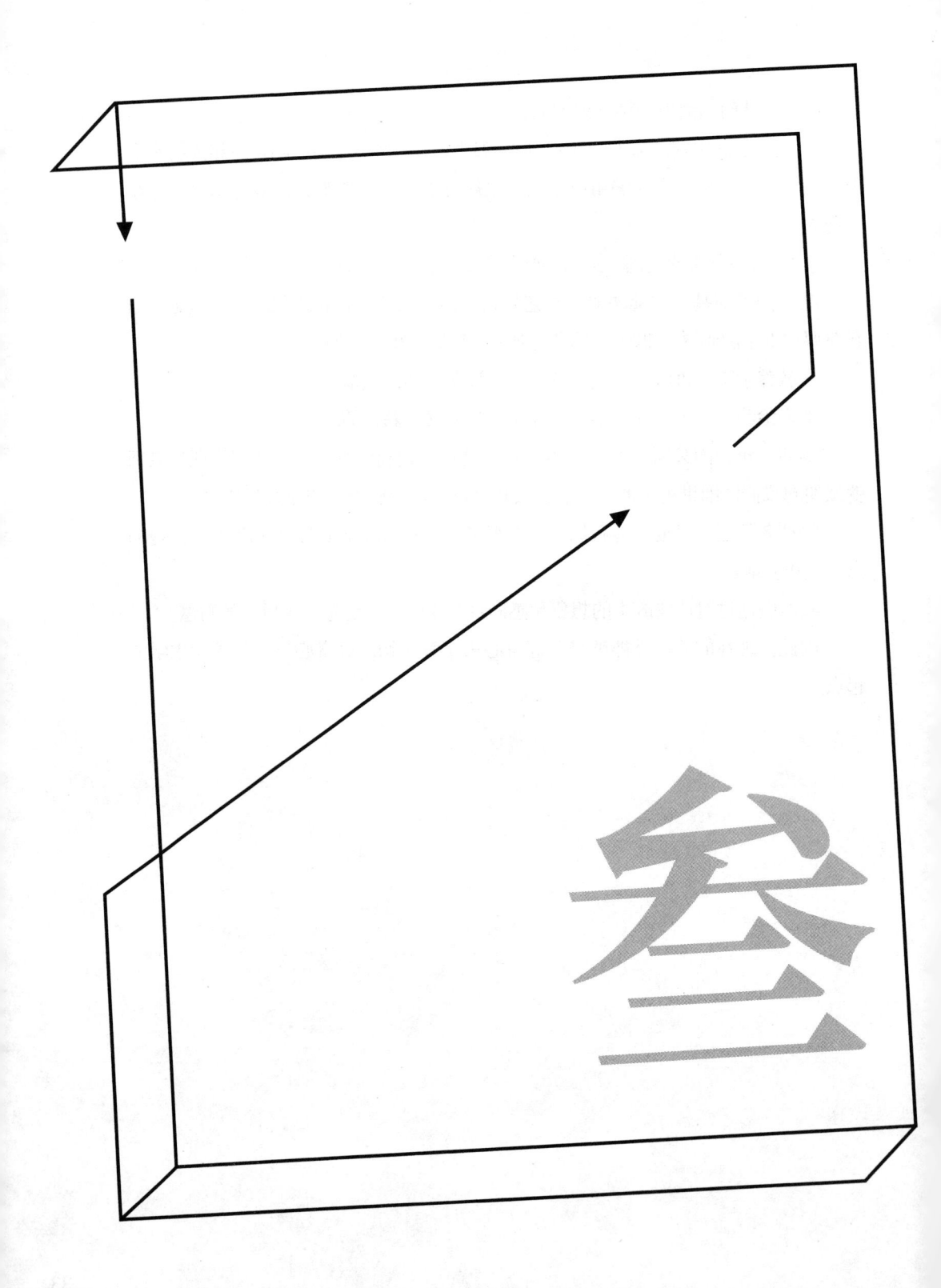

第 3 章

通过深度学习×综合性学习，拓展知识的广度和深度

用计算代替死记硬背，对数学和物理的理解便能更上一层楼

"我擅长数学，但不擅长物理。"

这样评价自己的人可能多得令人吃惊。

作为一个喜欢并擅长物理和数学的人，我想说的是，你应该了解物理和数学之间的关系，并以综合性学习的方式将二者融会贯通。

在大多数学校，这两门学科被分成两个独立的领域，数学和物理各成一派。此外，在学习物理时，数学用得并不多。

当我这样说时，你可能会想："这个说法不对，物理中当然会用到数学啊！"但事实上，我们在物理学中并没有用到数学。

如果我们把加速度、速度和距离之间的关系当作示例来说明，可能会更容易理解。

还有，在"求加速度"时或者"求速度"时、"求距离"时，许多人试图代入相应的公式求值吧。

这是为什么呢？

因为大多数高中都避免在物理课中使用"微积分"。

从本质上讲"微分距离得到速度""微分速度得到加速度"。

反过来就是"积分加速度得到速度"和"积分速度得到距离"。

这就是加速度、速度和距离之间的基本关系。

利用微分学和积分学，我们可以立即解释变化率。然而，由于某种原因，微积分在物理学中并不常用。

我相信，这就是本文开头提到的一些人认为自己擅长数学却不擅长物理的原因。

"只要记住这三个公式就可以了。"

你们中的许多人可能都曾被老师这样教过，但如果你们深入思考加速度、速度和距离之间的基本关系，就会发现我们所处理的是恒定加速度的情况，即加速度不会发生变化，事实上加速度也会发生变化。

因此，仅仅死记硬背这三个公式是没有意义的，我们必须思考它们之间的联系。

毕竟，在物理学，尤其是理论物理学中，我们必须考虑如何将数学与自然现象逐一对应。

如果是这样的话，没有数学武器的物理学学习是低效的，因为无法系统地学习数学。因此，有必要将数学和物理的学习融会贯通。

让我们试着用"数学"来解释加速度、速度和距离之间的关系吧。

讲到数学就不得不提到数学公式，但不擅长数学的读者可以跳过公式。首先，对于高中数学课本中的微积分基础知识，可以将 t 的 n 次方（即 t 乘以 n 次 t 的值）微分化，就得到 n 乘以 t 的 $(n-1)$ 次方。用文字写出来的话，看起来很复杂，但你只需要看看具体的例子就能明白。

如果微分 t 的 2 次方，就会得到 $t \times t$。或者，微分 t 的三次方得 $t \times t$ 的 2 次方，微分 t 的零次方得 1（因为 t 是 t 的 1 次方，t 的 0 次方等于 1）。

积分就是这种导数关系的逆向形态。

说到这里，我想给那些感叹"我不会做微积分！"的读者一个提示。

首先你肯定可以理解 $1 + 3 = 4$。

或者 $0.3+0.2=0.5$ 也应该没问题。

事实上，积分只不过是加法而已。

不过，它不是"1"这样的整数，也不是"0.5"这样的小数，而是"无限小的数"相加之和。这本书不是数学书，所以我就不做进一步解释了，但通过将其还原为一种你所熟悉的感知方式（也就是上面说的"加法"），你可能会觉得困难的概念突然变得熟悉起来了。

距离 = $1/2\, gt^2$

微分

速度 = gt

微分

加速度 = g

现在，如果我们在学校数学课上学习了微分方程和积分方程（以及如何推导它们）之后，再考虑物理问题，就会变得简单许多。例如，地球的重力加速度是 g（约

37

9.8），就可以建立上图所示的联系。

按照箭头倒推，我们可以从加速度 g 开始，积分求出速度，再积分求出距离。

如果能这样把数学和物理结合起来，就不需要死记硬背"距离等于二分之一 g 乘以 t 的平方"这样的公式，而是可以获得一个连贯的知识，即从第一个加速度 g 开始，经过两次积分就可以计算出距离。

死记硬背零散的知识可能会让你在考试中得分，但考试结束后你就会忘记它们。

这是因为这些知识并没有被有机地凝结为"智慧"。

如果能以综合性的方式深入学习几门学科（前面的例子是数学和物理），就能把知识作为活的智慧掌握起来，随时可以运用。

学习日语和数学中共通的"逻辑"可以同时学好这两门学科

你听说过"逻辑日语"吗？

逻辑日语是一门日语学科，通过从不同角度理解各种文章，培养在现实生活中必需的逻辑思维、创造性思维以及表达能力。

当我听说我的文章将被用于《逻辑日语》的教科书时，我就在想，是不是已经有了一门名为《逻辑日语》的学科，但我并不太了解具体情况。

于是，我采访了就读于我开办的自由国际学校的一名高中生，发现了一些有趣的事情。

原来，根据2022年修订的《学习指导要领》，以前被称为"现代日语"的日语课被细分为"逻辑日语"和"文学日语"。

事实上，现代日语似乎是一门杂科，它囊括了议论文、小说、散文、诗歌、短歌和俳句等。

2022年的修订将现代日语分为两个科目。其中，在逻辑日语中，学生通过阅读各种实用文本，如合同和法律文本，来培养逻辑思维能力。

那么，逻辑日语与数学和自然科学的基础逻辑有什么区别呢？

其实，它们都是同一种逻辑。

我们所说的逻辑学或逻辑学研究与数学中的"数理逻辑"领域相对应。

我们在数理逻辑中研究的是逻辑，而逻辑是数学的基础。

例如，哥德尔不完备性定理（或称哥德尔命题）。

哥德尔不完备性定理是奥匈帝国数学家、逻辑学家和哲学家库尔特·哥德尔于1930年左右发表的定理，分为第一不完备性定理和第二不完备性定理。

❶ 第一不完备性定理

第一不完备性定理指出，对于任何满足特定条件的形式系统，都存在一个既无法证明也无法反驳的逻辑公式。

简单来说，这意味着存在满足某些条件的规则，它们既不是对的，也不是错的。

❷ 第二不完备性定理

该定理指出，在满足某些条件的形式系统中，不存在证明自洽性的逻辑公式。

简单来说，这意味着如果你自己无法证明不存在矛盾，就需要让你自己以外的形式系统来证明。

因此，如果我们深入思考"逻辑是什么？"的问题，日语和数学这两个学科之间的"逻辑"相似性就显现出来了。

因此，综合学习日语和数学是非常有效的。

那么，综合学习日语和数学有哪些具体好处呢？

看似显而易见，但第一个也是最重要的一个好处就是获得逻辑思维能力。

例如，在大学的逻辑课程中，语言有时用符号来表示。

这就是所谓的"符号逻辑学"。同样，将日语和数学结构转换成符号也能使逻辑更加清晰。

让我举一个日语和数学综合性学习的具体例子。

这里的日语是一个与数学相关的"逻辑日语"的例子。

逻辑学是数学的一个分支，但哲学系历来也教授逻辑学。

这是因为逻辑是正确思考的必要条件。

逻辑学有以下公式。

如果"A 即是 B"为真，那么"如果不是 B，那么就不是 A"就会成立。

你可能会问我们到底在说什么。

但下面的具体例子会帮助你理解。

如果在某一个地方，"下雨就会导致泥泞不堪"是正确的，那么我们可以推导出，"如果没有泥泞不堪，就说明没有下雨"。

或者，"如果你看到晚霞，第二天就会是晴天"在经验上是正确的，那么"如果不是晴天，你就不会在前一天看到晚霞"。

也许你会认为这是一派胡言，但如果你知道很多这样的逻辑公式，那么在用日语进行思考时，就不会有得出错误结论的风险。

有时下面的推理也是错误的。

在有些地方，"如果下雨，就会泥泞不堪"是正确的，那么"如果泥泞不堪，我们就知道下过雨"。

这个推论之所以不正确，是因为浑浊可能是由雨水以外的原因造成的。

可能是因为有人把水倒在了地上，或者水管爆裂了。

如果你知道逻辑公式：

如果"A 即是 B"为真，那么"如果不是 B，那么就不是 A"不一定会成立。

在知道公式的情况下，这一点就很容易识别。

逻辑是数学的基础，因为它是"正确思考的工具"。

将数学和日语作为"逻辑日语"进行综合性学习，不仅可以避免在考试中出错，还可以避免在公司会议等场合发表自相矛盾的言论。

综合学习数学和科学可以培养推理能力

你听说过近年来在各个领域备受关注的"因果推理"吗？

因果推理是一种根据数据对原因和结果之间的因果关系进行统计估算的方法。

2021年，一位美国经济学家因使用这种因果推理来衡量效果而获得诺贝尔经济学奖，这可能是人们对这一话题感兴趣的原因之一。

现在，我有一个问题要问你。

"因果关系和相关关系有什么区别？"

这是因果推理的一个基本问题。

一般来说，基本框架如下。

❶ 因果关系

两个或两个以上事物之间存在的原因和结果的关系。

❷ 相关关系

两件事物密切相关，其中一件发生变化，另一件也随之变化。

因果关系和相关关系是有区别的。

在理解因果关系和相关关系区别的基础上，学习因果推理的一个有效途径就是数理综合性学习。

如前所述，在学习物理和数学时，如果只是死记硬背公式，根本不可能真正理解它们。这样的人可能有很多。

因此，如果从因果关系和相关关系的角度思考问题，往往会发现自己更能看清它们之间的关系，也更容易理解它们。

这也意味着，因果推论有时是用统计学来表达的。

当然，在这种情况下，由于图形的存在，数学因素很强，但如果我们拓展思维，考虑图形背景中的某种因果关系或相关性，就能在融合学习数学和科学的同时，加深对因果推理的理解。

例如，关于疫苗是否有效的争论既可以看作科学问题，也可看作因果推理和数学问题。疫苗在获得政府批准之前，通常要经过临床试验。

具体来说，例如，500 人接种疫苗，另外 500 人接种生理盐水。这是为了检验所谓的安慰剂效应。

然后将两组人进行比较，以确定感染者的比例，并研究疫苗的效果。

感染人数相差多少才能说明疫苗有效？

关键在于要从"如果我们不接种疫苗会怎样？"的角度考虑。就疫苗而言，我们可以通过实际开展临床试验来提前进行研究。

例如，广告与销售之间的关系可能是一个无法进行疫苗试验等"试验"的例子。这是因为不清楚产品销售量的增加是由于整个国家的经济波动还是由于广告。

同样，一个重要的问题是："如果没有广告，销售情况会怎样？"

这样的想象似乎毫无意义，但实际上可以用一种准实验的方式来思考这个问题。

你可以选择两个店铺位置相似的地区，在其中一个地区投放广告，在另一个地区不投放广告。

或者，你也可以在事后找到并分析这些数据。

因果推理的世界太深奥，这里无法一一描述，但阅读《因果推理科学》等书籍会加深你的理解。

综合学习英语和母语可以提高交际能力

我们发现，竟然有很多人认为英语和语言学习是完全分开的。然而，英语和日语的综合性学习是非常有效的一种学习方式。

为什么英语和日语综合性学习会很有效？

让我一步一步地详细解释。

在学习英语时，你可能会在英语和日语之间来回切换，如英译日或日译英。

如果你不能在学习英语的同时学习日语，那么你的英日翻译中的日语就会出现错误，你就无法在考试中取得好成绩。

这就是英语和日语学习之间实际联系的一个例子。

有鉴于此，可以说英语能力的提高与日语能力的提高息息相关，绝非毫无关联。

以综合性的方式学习英语和日语的另一个好处是，两种语言之间的差异可以让你了解各自的特点。

例如，日语的特点是什么？

我认为日语的特点是将信息浓缩在汉字中，这样就能直观地理解其含义。

据说，以英语为母语的人和以日语为母语的人的阅读速度相差悬殊。

这就是因为汉字所包含的信息量更多。

东京大学名誉教授养老孟司曾在他的一本书中评价说："漫画是带有红宝石的汉字。"这给我留下了深刻印象。

日语有汉字、平假名和片假名。

根据养老教授的说法，识别日语的大脑位置对于汉字、平假名和片假名是不同的：汉字由右脑识别，而平假名和片假名可能由左脑识别。

漫画是字符和图片的复合体，漫画中的字符及其对话和描述似乎与汉字一样由大脑的不同位置识别。

漫画在视觉上比汉字更容易辨认，这就是为什么即使阅读能力不强的人也能轻松阅读漫画的原因。养老教授用"漫画是带红宝石的汉字"来形容这种特性。

这不仅适用于漫画，也适用于一般阅读。

换句话说，包含汉字的文本阅读起来更快。

那么，英语究竟有哪些优势呢？

我认为，英语的优势在于逻辑性和准确性。

例如，英语有单数和复数形式，还有冠词，如"a"和"the"。这是一种语言表达逻辑的典型例子，而日语中却没有。

英语中存在如此详细的规则和语法的背后是所谓的"低语境文化"。

低语境文化是一种几乎完全以口头形式进行交流的文化，在这种文化中，人们更喜欢直接、清晰的表达方式，语法清晰明确。

美国可能是低语境文化的代表。

因为美国是一个由来自世界各地的移民组成的国家，如果要与人沟通，就必须用最清晰的语言表达，以免产生歧义和误解。

在高语境文化的日本社会，长期以来形成了一种共识，无须用语言表达就能读懂对方的意思。这就是"阅读空气"和"忖度"等独特交流方式形成的原因。

英语和日语综合性学习的一个好处是"细微差别的细化"。

即使你生活在日语是你唯一语言的世界里，作为成年人，你也会自然而然地学习日语的细微差别。当然，有些人擅长语言，如作家、报社记者和播音员，而有些人不擅长，其中存在着许多个体差异。

尽管如此，值得注意的是，在综合性学习英语时，日语的细微差别。

这是因为英语词汇和短语在英语中更容易理解，并且英语单词和短语不一定与日语一一对应。

当语言发生变化时，某些单词和短语的细微差别也会显现出来。

例如，日语中的"款待"（おもてなし）和英语中的"hospitality"，如果查字典，好像意思差不多，但由于背后的文化和语言空间本身不同，细微差别自然也就不同了。

在X(旧称Twitter)上，一位居住在加拿大的日本人曾吐槽说"英语也有敬语"。在他举的例子中，他使用了"You should..."的表达方式，这破坏了他在公司内部的关系，导致他被排挤。

我精通两种语言，日语和英语的使用频率约为7:3，除了对自己的下属或孩子，我不记得对其他人使用过"You should…"这一表达方式。因为它太严厉，而且是命令式的。不过，如果在字典中查找"should"，就会找到"应该"这一层意思，因此非英语母语人士可能会用母语思维把"should"当作单纯的"应该"来使用。

　　在语言交流中，细微差别是很重要的，如果掌握不好，你就会成为唯一被排挤的人。

　　当你查字典时，你会发现一个单词有很多含义。这意味着一个单词可以有许多不同的用法，而且根据它在英语语言环境和所在国家文化中的用法，还有许多细微差别。

　　你知道"いただきます"在英语中几乎没有对应词吗？

　　在法语中，有一种说法"Bon appetit"，也相当于日语中的"いただきます"，但是它所隐含的感激之情与日语的"いただきます"有所不同。

　　"いただきます"所表达的感激之情是日本文化的独特韵味。

　　因此，学习英语或其他与本国语言相结合的语言，都有"提高语言技能"的好处，即你会意识到以前没有注意到的语言中的细微差别。

　　此外，了解语言中的细微差别还能加强日常生活中的交流。

学点拉丁语会让英语学习更轻松

我上大学时学习的语言之一是拉丁语。

拉丁语曾经是古罗马帝国的官方语言，在很长一段时间里是欧洲教会和学术界的通用语言。

如今，欧洲很少有人学习拉丁语，日本就更少了。

那么，学习拉丁语有什么好处呢？

它使英语学习（尤其是英语词汇）变得更加容易。严格来说，英语的源头并非拉丁语。

拉丁语被转化为所谓的"罗曼语"，如法语、意大利语和西班牙语。

不过，可以说英语是一种受拉丁语影响相当大的语言。

简而言之，这是由于19世纪法国公爵诺曼底的威廉征服了英格兰。这就是我们在世界历史中了解到的被称为"诺曼底登陆"的历史事件，据说这次征服通过法语将大量拉丁语词汇引入了英语。

我想向大家展示一下英语中究竟有多少词源自拉丁语。

以下是本公司出版的畅销书《英语词源学》中的英语词汇列表节选。

prospect inspect respect suspect expect

这些单词中有多少源自拉丁语？

答案是：全部。在英语词汇中，源于拉丁语的英语单词比比皆是。

特别是在中学和大学学到的许多较难的英语词汇往往源自拉丁语。

pectoralis major （大胸筋）

rectus abdominus （腹直筋）

rectus femolis （大腿直筋）

fibularis longus （长腓骨筋） trapezius （僧帽筋）

baiceps brachii （上腕二头筋）

鉴于这些事实，我建议综合性学习英语和拉丁语。

学习拉丁语时，英语词汇的学习会变得事半功倍。

我的亲身经历可以证明这一点。

这取决于你学习了多少拉丁语，但至少在我的印象中，对拉丁语稍有了解就会大大加快你的英语词汇学习速度。

由于学习了拉丁语，你很容易就能猜出英语单词的意思，这也会让你受益匪浅。

例如，看看上面的英语单词。

它们都是难记的英语单词，学起来并不容易。

在加拿大，体育老师会要求三年级学生"全部记忆"这些肌肉的名称。

这看起来似乎令人不知所措，但事实上，如果你知道基本的拉丁语单词，你就会对这些单词的含义有初步的了解。

将拉丁语综合性学习纳入英语学习的一个好处是，你可以跨越语言障碍，广泛了解世界历史、文化、神话和宗教。

例如，罗马战神马尔斯的拉丁文是"Mārs"，在英语中变成"Mars"，意为"火星"。

据说这是因为战斗的火焰和鲜血与火星的红色相似。

此外，三月的英文单词是"March"，也是从拉丁语"Mars"演变而来。据说，罗马帝国的三月是以战神的名字命名的，因为三月气候温和，最适合罗马军队开战。

我建议大家将拉丁语与英语综合性学习，因为这会给你带来单独学习英语所无法获得的知识和文化。

将神话和宗教作为一个整体来学习，可以扩大知识面

我在前文中列举了罗马神话中的战神"马尔斯"的词源的例子，事实上，学习神话会产生由神话衍生出的深入学习和综合性学习的效果。

在说明这一点时，可能有人会觉得"不对，神话可是相当晦涩难懂的啊"！

但在我看来，没有必要在艰深的书籍中学习神话。看看儿童图画书就足够了。

如今，儿童神话读物种类繁多，如果你对一些神话有广泛的了解，就能开始发现其中的联系。

这是世界宗教的一种联系。

这是因为，从历史学和人类学的角度来看，神话和宗教显然是一种连续的文化，在西方，讨论宗教和神话之间的联系是很正常的。换句话说，通过综合研究现代意义上的神话和宗教，可以看到世界思想的结构。

世界上有许多不同的宗教，但当你了解到犹太教、基督教和伊斯兰教之间的异同时，可能会感到惊讶。

因此，让我们先来简要回顾一下这三种宗教。

❶ 犹太教

犹太教是犹太民族从古至今的宗教，全世界约有2000万人信奉犹太教，主要集中在以色列。

犹太教认为创造世间万物的创世神耶和华是唯一的神。

❷ 基督教

基督教是世界上最大的宗教，全世界约有15亿人信奉。

它可追溯到约2000年前出生的耶稣（据说他最初也是犹太教徒）。

当耶稣说"我是耶和华的儿子，是耶和华派到这个世界上的弥赛亚"时，犹太人以"侮辱上帝"的罪名将他钉在十字架上处死。

耶稣死后，他的思想传播到基督教，如果我们看一下其中的联系，就会发现基督教是从犹太教分裂出来的新宗教。基督教的上帝和犹太教的上帝本是同一个耶和华。

❸ 伊斯兰教

伊斯兰教是世界第二大宗教，在全世界约有 9 亿信徒，主要分布在中东、非洲和亚洲。伊斯兰教以其严格的戒律而闻名，如每天祈祷五次，在被称作"斋月"的一整个月里，教徒们白天必须不吃不喝等。

伊斯兰教比犹太教和基督教古老得多，大约起源于 1400 年前，当时居住在麦加城（今沙特阿拉伯）的一个名叫穆罕默德的人得到了真主的启示。这被记录在圣书《古兰经》中。

伊斯兰教的"真主"（唯一的神）实际上就是犹太教和基督教所信奉的"创造之神"。

我们简要回顾了犹太教、基督教和伊斯兰教。

对于没有宗教信仰的人来说，这三种宗教似乎是完全不同的宗教，但事实上，它们都有一本共同的经书——《旧约》。

他们所信仰的源于《圣经》的上帝是相同的，但他们如何接受上帝却是这三个宗教的区别所在。

三大宗教都宣称自己的圣地是耶路撒冷，而关于这块圣地的争论不绝于耳。

你知道为什么三个对立宗教的圣地会在耶路撒冷重叠吗？这是理解犹太教、基督教和伊斯兰教原本是信仰同一个神的教派的关键所在。

这样，通过深入研究神话与宗教的融合，就可以清楚地看到世界思想的结构。

走近科学，了解"希格斯玻色子"和"弦理论"

让我在这里稍微换个话题，谈谈我在加拿大学习的科学。从东京大学毕业后，我进入加拿大麦吉尔大学学习。对于那些不熟悉麦吉尔大学的人，请允许我向你们简单介绍一下。

麦吉尔大学是位于加拿大蒙特利尔的一所综合性大学，是加拿大著名的大学之一，与加拿大另一所著名大学多伦多大学争夺加拿大顶尖大学的位置。

麦吉尔大学在医学和法律领域的教育上人才辈出，其中包括前诺贝尔生理学或医学奖得主杰克·绍斯塔克和约翰·奥基夫。

"如果在蒙特利尔市上大学，不会说法语不是很难受吗？"

我经常被问到这个问题。

法语的确是蒙特利尔的官方语言，但英语也属于通用语言。

麦吉尔大学是一所以英语为主的大学，位于一个被法语包围的城市。

这意味着我没有语言障碍，但在文化融合方面也为我提供了非常有趣和宝贵的经历。

我在麦吉尔大学的第一个专业是科学哲学，师从物理学家马里奥·邦格。

他因提倡"精确哲学"而广为人知。他的哲学著作将科学现实主义、系统论、唯物主义和突现主义结合在一起。

我之所以决定学习科学哲学，是因为当时我对这一领域的兴趣不在于实用研究，而在于对科学进行哲学和意识形态的审视。

在跟随邦格教授学习了两年科学哲学之后，我转到了物理系，认真学习物理。

我在物理系的另一个兴趣是"模拟研究"。我首先学习的是"希格斯玻色子"的模拟。

希格斯玻色子是万物质量的起源，也被称为"上帝粒子"（被认为是在将物质分成越来越小的粒子的过程结束时达到的终极最小粒子）。

2012年7月，实验证实了希格斯玻色子的存在，2013年诺贝尔物理学奖授予了提出希格斯玻色子存在的两位研究人员：英国的彼得·希格斯和比利时的弗朗索瓦·安格勒。

在他们获得诺贝尔奖的几十年前，我在麦吉尔大学攻读硕士课程时就在研究希格斯玻色子的模拟。

在我的博士课程中，我研究的是宇宙学。我当时正在做"弦理论宇宙学"的研究和计算。

说起来也许有点难懂，弦理论是联系相对论和量子力学的物理学终极理论，被认为是能够统一作用于基本粒子的四种力：强力、电磁力、弱力和万有引力的候选理论之一。

"我们周围的所有物质都是由极其微小的弦组成的。"

这就是弦理论的基本思想。

在攻读博士期间，我曾用计算机模拟过，如果在爱因斯坦方程中加入弦理论修正项，宇宙会发生怎样的变化。

事实上，根据弦理论，世界并不是一个由长、宽、高组成的三维空间。在爱因斯坦的理论中，它是四维空间，而在这个"弦理论"中，它增加到了六维或七维。

最终，我在麦吉尔大学度过了七年的学习和研究时光，但实际从事的宇宙学计算工作并不足以帮助我日后的工作。

不过，这段经历并没有白费。

我相信，在我担任校长的自由国际学校里，学生们会更好地了解宇宙的奥妙。

脑科学和心理学的深入研究及综合学习可以引领未来

我多年来一直致力科学研究，科学也能以综合性的方式进行深入研究，从而加深理解。

例如，脑科学与心理学之间的综合性学习就是如此。

相信大家都知道，现代神经科学已经阐明了许多关于人脑工作的知识，并且还在继续发展。

然而，很多人可能不知道脑科学始于何时，也不知道"脑科学"一词是何时开始使用的。

脑科学实际上是一门相对较新的学科。

例如，大脑包含典型的神经细胞，被称为"神经元"。神经元是大脑中负责传输和处理信息的神经细胞，这些神经元的工作原理在1990年左右才被完全了解，也就是说，它们是在30年前才被发现的。

从对神经元工作原理的理解出发，现代神经科学揭示了很多东西。

现在，我提到神经科学是一门相对较新的学科。

那么，在此之前，科学家是如何看待大脑的呢？

追溯历史，这与"心理学"的存在有关。

心理学最初并不是作为一门单一的学科建立起来的，而是通过融合多种学科，在医学、生物学等多门学科的影响下发展起来的。

心理学的起源可以追溯到古希腊哲学。

19世纪自然科学的发展影响了心理学，使其成为以科学思想为基础的学科，尽管它是以古希腊哲学为基础的。

1879年，德国心理学家威廉·冯特在莱比锡大学建立了第一个专门从事心理学研究的实验室。

可以说，冯特的研究奠定了心理学作为一门科学的基础，而不仅仅是一门哲学研究，他强调客观证明，这才有了今天我们所熟知的心理学学科。

毫无疑问，循序渐进地研究脑科学和心理学从起源到今天的发展历程，会使我们接受到广泛的科学教育，并提高多方面的认识。

在我们介绍了脑科学与心理学的综合性学习的同时，还有一个领域非常适合将心理学融入综合性学习中，那就是心理学与行为学。

这就是心理学与行为学之间的综合性学习。

例如，可以分析当代政治和社会结构，预测苏联解体、美国金融危机或英国"脱欧"。

法国历史学家埃马纽埃尔·托德的研究就是一个很好的例子，他通过分析当代政治和社会结构，预测了苏联解体、美国金融危机和英国退出欧盟。

埃马纽埃尔·托德的思维方式从何而来，我思考了很久。我得出的结论是，关键在于基于人们在社会中的思维和行动方式以及社会结构对形势做出的科学解读。

我们有理由认为，许多事件的预测都是对各种社会结构和情况下的各种问题进行深入研究的结果，并对人们的想法和心理行为进行了仔细分析。

伊曼纽尔·托德的著作之一是《我们从哪里来，我们现在在哪里？》。

这正是我们应该就深度学习和综合性学习的性质和重要性向自己提出的问题。

"我们从哪里来，我们如今在哪里？"

如果我们从科学的角度对此进行广泛而深入的思考，我们就可以超越时空，超越地球世界，将目光投向太阳系、银河系乃至整个宇宙。

我相信，这种探究精神可以通过培养来获得，而探究精神也是人类思维发展和人类精神发展的关键因素。

我相信，培养这种探究精神最终会带来深入的综合性学习。

追溯科学和艺术的起源，可以拓展知识的广度和深度

除了前面提到的脑科学与心理学之间的综合性学习，在其他领域，综合学习也可以与科学相结合，提高综合学习的效果。

从物理学、天文学等自然科学，到动物学、环境学、生物学、数学等形式科学，再到人工智能、计算机等应用科学，都可以融合起来进行综合性学习，拓宽知识面。

你知道所有这些科学的共同点是什么吗？

那就是从具体到抽象。

用被称为形式科学的数学来解释这一点可能更容易理解些。

例如，有些数字可以用1、2和3这样的整数来表示。

除了这些整数，还有小数和分数，以及符号。此外，当我们开始讨论符号之间的关系时，从具体到抽象是一种典型的思维模式。

在学习科学的过程中，为了提高深度学习和综合性学习的效果，回归"起点"是非常重要的。这将拓宽和加深你的知识面，不仅是数学知识，还有一般的科学知识。

"如今，ChatGPT真是来势汹汹啊！"

有时人们会对我说这样的话。

听闻此言，我有时会应和："是啊，势头真不小"，但实际上，我认为："哎，从某种程度上说，这也是一种不可避免的趋势。"

这么想是有原因的。这是因为我从计算机的起源就开始研究它的历史。

从我的角度来看，我早就知道像ChatGPT这样的生成式人工智能将会诞生，并将风靡全球。

现在，请允许我提出一种综合性学习的新方式。

它被称为"科学×艺术"。

这里有一个简单的例子。

假设一个人从未去过博物馆看画。他几乎从未见过画，自己也从不画画。

不言而喻，这样一个人在博物馆里匆匆看完一幅画后，他对这幅画的理解会

55

与艺术专家看这幅画时的理解完全不同。

你也许会说"这一点不足为奇"。

但你能解释一下到底有什么不同吗？

是知识和经验的深度不同，无论你是否知道出发点。这就是学习理科后再接触教养学科，提高深度学习和综合性学习效果的异曲同工之处。

如果一个人本身可能不是天才画家，但熟悉某个艺术史领域，或喜欢各种画家和艺术家的插图，他看到一幅画，与一个平时根本不去博物馆，但偶然被别人邀请去看一幅画的人相比，欣赏的深度是完全不同的。

绘画艺术鉴赏力的差异取决于我们是否能够知道这两个关键：追溯历史和了解艺术起源。

我认为，知识的广度和深度是通过对历史上各种事物的学习积累而形成的，这也是一切学习的起点。

我相信，一个人要想全面学习各个领域的知识，掌握广泛而深入的知识，可以在一定程度上了解各个领域的艺术家、专业人士和领军人物，追溯他们的历史。

无论是科学界还是艺术界，要想提高综合性学习的效果，就不能只停留在"看上去真了不起啊"的感叹中，关键在于要有一种"这个想法（创新）将来会不会改变世界"的意识。

假设你希望能够研究某一幅画作，如果你能够了解这幅画作的前因后果，熟悉画家在作画时所处的社会环境，并且能够与其他画家的作品横向对比研究的话，这幅画作在你眼里将呈现出不同的面貌。

如此一来，你就会对某一主题产生更深层次的认识，形成更深层次的知识，进而帮助你在你希望继续学习的领域里大展拳脚。

通过"AI"加速综合性学习，达到技能重塑的目的

我们在前文介绍了综合性学习的各个领域，但有必要提及的是，综合性学习可以涉及的领域还有很多。

在本章的最后，我想介绍一些可以通过综合性学习来提高技能、重塑能力的领域。

它们是数学和现代艺术。

这里的关键词是"图形"。

如果你说你擅长数学，我的意见是，你应该尝试图形的综合性学习。

图形的根本是数学。

这是因为在屏幕上创建的各种形状的图形，是通过数学公式在计算机上绘制出来的。

例如，如果你擅长数学，尤其是几何，那么你可能对一种名为 Wolfram 语言的编程语言并不陌生。

Wolfram 是一种编程语言，用于 Mathematica（1998 年推出的数学公式处理系统）。

Wolfram 具有以下特点：

·通用性强

·支持函数式和过程式

·包含约 6000 个内置函数

·一切都用"公式"来表达

Wolfram 是一种通用性很强的语言，在公式处理方面尤为突出，其优势在于可用于编写多种图形和设计制作方法的电子程序。

因此，它被用于数据科学以及图像制作、声音处理、神经网络和区块链操作。

编程功能包括 6000 个内置函数，可轻松组合创建程序。此外，Wolfram 语言中的一切都可以用"公式"来表示。

例如，图形、数学表达式和列表是不同的对象，但它们都可以用公式来表示。

简而言之，如果你精通数学，即使没有设计经验，也可以把公式输入Wolfram 语言，然后发出命令将其转换成图形。

十年前，你可能会认为所有插图和设计都必须手工完成。

但如今，即使你不会手绘，只要掌握良好的数学技能，就能制作出与专业人士作品相媲美的图形和设计。

这正是通过综合性学习来学习新技能的最佳时机。

这可能是一个略显极端的例子，但在这种数学与现代艺术的综合性学习之外，还有动画制作。

在动画制作领域，耳熟能详的可能就是美国的皮克斯动画工作室了。

这家美国动画制作公司以《玩具总动员》系列电影、《怪兽公司》和《海底总动员》等杰作而闻名。

很多人都看过他们制作的动画电影。

事实上，他们的动画背景和动作都是基于数学公式和程序设计的。

将数学和现代艺术综合性学习，可以让那些热爱动画电影却因缺乏图形和设计能力而放弃动画电影的人，在与人工智能伙伴联手后看到一线曙光。

皮克斯动画工作室的动画制作离不开世界级创作者对数学的运用。

下一章，我们将探讨如何利用 AI 加速综合性学习。

第 4 章

利用 AI 进行综合性学习，可加速"知识的获取"

大约一半劳动力将因人工智能而失业的时代即将到来？！

第四次工业革命。

你可能听说过这个词。

第四次工业革命是指利用物联网、人工智能和大数据带来的技术革新。

这些技术创新正在改变商业模式和我们的生活方式。

问题在于接下来会发生什么。

这些技术创新将如何改变我们的社会？

例如，你可能听说过研究人员在分析第四次工业革命后将消失和保留的工作岗位。

英国牛津大学的卡尔·弗雷博士和迈克尔·奥斯本副教授在2013年发表的论文《未来的就业》中，分析了美国劳工部确定的702种职业，并将其细分为"创造力""社交技能""感知力"和"精细动作技能"等类别。

而研究表明，由于未来10～20年的技术变革，美国有47%的工人面临被人工智能和机器人取代的高风险。

这在全世界都是一个大新闻。

你可能会想："这不是在讲美国吗？"

然而，在2015年，野村综合研究所与弗雷博士和奥兹·伯恩副教授合作，对日本的601种职业进行了类似的分析。结果显示，在未来10～20年内，日本约有49%的工作人口将可能被人工智能和机器人所取代。

实际上，我也读过弗雷博士和奥斯本教授的论文原文。

当然，对于哪些职业将消失，哪些职业将存活，这只是一个假设。但是，如果你想改变自己的未来——哪怕只是一点点——并生存下来，我认为我们需要根据这些数据进行分析并制定对策。

那份论文给我留下深刻印象的是，火车司机和巴士司机是最有可能"消失"的职业之一。

一段时间以来，不断有新闻报道火车司机在开车时打瞌睡，或巴士司机因工作繁忙而导致事故。

这里可以提出一个假设。

如果自动驾驶技术在未来取得惊人的进步，会发生什么？

这是一个极其重要的职业选择生存策略，不仅关系到火车司机和公交车司机，还关系到出租车司机，目前日本的出租车司机约有22万人。

众所周知，近年来自动驾驶技术的发展令人瞩目。

特别是，"自动驾驶"这个关键词每天都会出现在经济新闻中。

在此，我们感兴趣的是"目前发展到了什么程度"。

根据我的研究，配备3级自动驾驶功能的商用车辆已于2021年开始销售，4级自动驾驶也正在出租车和公交车服务中被积极运用。

奥斯本博士还评论说："我们必须考虑到这样一个现实：如果无人驾驶汽车普及，出租车和卡车司机将失去工作。"

那么，从事这些职业的人或即将从事这些职业的人应该考虑些什么呢？

童年时，我曾一度想成为一名出租车司机，因为我喜欢汽车。因此，如果我现在是一名出租车司机，我会把我的想法分为在同一行业生存和转行两种。

例如，护理出租车和豪华出租汽车之所以能够生存下来，是因为它们由人驾驶这一事实是有价值的。

另一方面，普通出租车司机的工作很可能会消失。

下一步该如何转行？

有无数种可能，但如果你想从事驾驶以外的工作，可能需要技能重塑。

因此，了解AI是非常重要的。

了解基本知识，做好准备，才能无惧人工智能的蔓延

最近，我在逛便利店和超市时，可以在很多商店看到"自助收银台"。在日本，自助收银台的特点是只需配备几名收银员，基本所有顾客都是自己扫描商品的条形码，然后付款装袋。

然而，美国更进一步，自助收银系统取代了收银台，商店里并不需要单独设置收银台。

第一家采用自助收银系统的 Amazon Go 商店于 2008 年在西雅图开业，顾名思义，Amazon Go 是亚马逊（Amazon）在美国经营的一家便利店。

然而，Amazon Go 不仅仅是一家便利店。

通过充分利用人工智能和计算机，它成了一家革命性的商店，顾客无须在收银台前付款即可购买商品。

下面简要介绍一下它的工作原理。

要使用 Amazon Go，首先要提前下载应用程序并使用信用卡进行注册。然后，当你进入商店、拿取商品和离开商店时，只需在门口举起应用程序上的二维码，应用程序就会自动帮助你完成付款，实现无接触购物。

这也是一项在新冠疫情中备受关注的技术。

这些行业的信息革命有一个相同的趋势。

那就是降低成本。

通过这些技术创新，以前由人类承担的一些劳动越来越多地实现了自动化。

这可以大大降低劳务成本和其他成本，为企业带来经济效益。

通过机械化和自动化（如自动驾驶汽车和自助商店）降低劳动力成本的趋势将有增无减。

由于预计未来将进一步实现机械化和自动化，许多公司可能会重组其员工队伍，并要求员工提前退休。

即使你是名牌大学毕业、在上市公司工作的白领，也不能坐视不理，认为"我不是司机或收银员，所以对我没有影响"。

奥斯本博士的"职业自动化"观点认为，任何可以常规化的工作都可以实现自动化（计算机化）。

即使是知识含量很高的工作，如普通办公室工作人员、临床实验室技术人员、法律助理、财务顾问和会计，也有许多日常工作可以被人工智能取代。

如果他们被人工智能取代，其存在价值将受到极大威胁。

我想介绍一下前几天我在北九州市的一次演讲。

我在学校管理人员大会上发表了演讲，当然，在当时有很多人已经表达了对人工智能的担忧。

有人问我："在文秘工作中，是否存在零人工的可能性？"

我回答说："我认为没有。"

因为人工智能的工作永远需要人来"审核"。

而在学校行政管理方面，每所学校大约只有一个全职人员，所以本来就不多。

由此得出的结论是，目前从事学校行政管理的人员要想生存下去，唯一需要做的就是进一步掌握 AI 的技能。

那么学校之外，在公司的员工应该怎么做呢？即使在有很多文员的工作场所，自动化浪潮也已经袭来，文员的数量可能已经大大减少。因此，如果你能掌握人工智能的使用方法，也许还能保住现在的工作。

不过，如果你不太喜欢常规工作，或者常规工作对你来说已经变得很吃力，那么你可以采取一些措施，将精力集中到技能重塑上。

首先要做的就是更多地了解人工智能及其相关创新科技。

在第四次工业革命中发展新业务时，许多公司和商界人士可能都在黑暗中摸索，因为他们对人工智能的了解有限。

建议先了解人工智能的基础知识，然后掌握使用人工智能的方法。

这可以从试用现在正流行的"ChatGPT"开始。

ChatGPT 是学习的救星还是恶魔？还是二者皆有之？

ChatGPT 是一个系统，它能用自然的语句回答你的问题和回应你的咨询，就像你在与人交谈一样。

2022 年 11 月，美国创业公司 OpenAI 向公众发布了 ChatGPT，一时间风靡全球。

ChatGPT 的出现不仅在商业界受到追捧，也在教育领域引起了轰动，想必大家也是记忆犹新吧。

虽然有人担心它在世界各地的教育中被滥用，但也有教师和其他人将其视为改进教育的有效助力。

备受争议的 ChatGPT 存在着许多可能性，但也伴随着诸多挑战。

首先，ChatGPT 基于一种名为"生成式 AI"的人工智能技术，它可以学习互联网上的原始信息。

然而，ChatGPT 只是根据从互联网上收集到的信息，按照人类提出的问题造句，并不能判断内容的正确与否。

目前，在教育领域已经出现了代写读后感和大学论文的情况，在日本，东京大学和其他大学对 ChatGPT 的使用也采取了谨慎的态度。

以下是自 ChatGPT 首次进入公众视野以来，近几年中出现的问题的总结。

·信息的可信度

·个人数据泄露与安全

·侵犯版权

·降低人类的学习积极性

·降低人类的思维能力

文部科学省 生成式人工智能使用指南：

○ 必须有意识地培养熟练使用人工智能的能力

续表

> ○ 在对挑战和结果进行研究后，宜从限制性的使用开始。特别是对于小学生，必须采取谨慎的态度。
> ○ 将人工智能生成的读后感或竞赛作品伪装成自己的作品，是一种作弊行为。让儿童使用人工智能进行与评分有关的定期测试是不恰当的。
> ○ 不宜允许儿童在与评分有关的定期测试中使用人工智能。
> ○ 可使用人工智能开展的活动包括在学生讨论中寻找遗漏的观点，以及使用"错误案例"作为教材，让学生认识到人工智能的局限性。

请参见上表。

这是文部科学省（MEXT）发布的关于小学、初中和高中使用包括 ChatGPT 在内的生成式人工智能的指导方针。

该指南在指出培养使用人工智能能力的重要性的同时，将致力研究取得的成就和面临的挑战。

特别是，指导方针明确指出，小学生在使用生成式人工智能时需要谨慎，并指出将人工智能生成的读后感等作品伪装成自己的作品，是一种作弊行为。

文部科学省解释说，生成式人工智能的优点是可以预期的，如提高学习效率，但也存在信息泄露、侵犯版权、使学生丧失创造力和学习动力等问题。

考虑到人们有可能在学校之外使用生成式人工智能，我们有必要采取措施加强信息道德教育。

对于这些指导方针，我的看法基本一致。

一方面，我认为应尽可能多地使用人工智能。

另一方面，我认为也有必要就如何使用制定明确的规则。

在文部科学省的指导方针中，我认为最关键的是"培养使用人工智能的能力"。换句话说，能够理解从其他地方获取的信息内容非常重要。

要做到这一点，关键在于，能够读懂人工智能准备的文本，如果有不懂的地方，可以自己去查，或者再去问 ChatGPT，把它变成自己的知识。

"求证"是使用 AI 时不可或缺的一环

我们已经在前文讨论过，培养"使用人工智能"能力的重要性。

那么，如何在实践中做到这一点呢？

让我们来看一个案例。

以向 ChatGPT 提问"请证明圆周率"为例。

具体来说，我们问 ChatGPT 它所提供的文本来自哪里，得到的回答如下。

很抱歉，我提供的文本是我自己准备的。不过，内容是基于数学教科书和网站上的信息，我认为是可靠的。如果你想引用这篇课文的内容，我建议你引用有关圆周率的一般信息来源，而不是我自己的信息来源。

原来如此。现在，让我们进入本节主题。

如果你要求 ChatGPT 编写一个模拟圆周率的程序，它就会为你编写这样一个程序。

常用的方法叫作蒙特卡罗法。

在边长为 2 的正方形中画一个圆。这个圆的直径是 2，半径是 1。它的面积是 π× 半径 × 半径，所以本质上它就是 π 或圆周率本身。

这个正方形的面积是 4。

接下来，我们在正方形上随机点上 40000 个点。

然后数一数有多少个点在圆内。

结果大约是 31400 个，通过这样的模拟，我们可以看到圆周率大约是 3.14。

关键在于，你可以自己画出这些图形。

这是因为，要真正地获取知识，这种身体力行总是必要的（身体力行将在下一章中详细解释）。

如果你能自己画出一个图形，并能完成它，而且对它感到满意，那么这就是一次很好的学习经历。

如果你没有亲自参与推导，仅仅记住 3.14……是完全没有用的。

此外，要使用 ChatGPT 等人工智能，必须能够找到人工智能从别处引用的信息来源。

我经常使用 Copyleaks 等引文搜索软件来了解自己被引用的情况，如上所述，这些引文搜索软件也被用于教育领域（当然，在商业领域也是必要的）。

例如，在一些大学，当学生提交论文或报告时，教师就会使用这类引文搜索软件来查找学生撰写的论文或报告中是否存在不规范的地方，如 AI 的引用。

有鉴于此，要掌握人工智能的使用方法，无论是学生还是专业人员，都有必要亲自使用引文搜索软件，对自己使用生成式人工智能创建的文件进行仔细检查。

换句话说，最好能够在仔细检查后进一步完善作品，使其更具原创性。

这就是使用 AI 书写文章的规则。

那么，为什么在许多教育环境中对生成式 AI 有如此多的批评呢？

我认为这是因为许多学生不熟悉生成式 AI 的使用。

我还是那句话，计算机技术越用越好。

换个角度说，我甚至不认为学会手写汉字是必要的。只要能在电脑或智能手机上正确输入，理解其含义并在必要时使用，这就足够了。

之所以这样想，是因为我遇到过一个不会手写汉字的孩子。

我是一所自由国际学校的校长，同时也教课，在教很多孩子的时候，不会写汉字的孩子不在少数。

我花了很多时间告诉他们："你们至少应该会写汉字！"然而，我逐渐发现这样长期强迫孩子写汉字是没有意义的。相反，我认为更重要的是通过适合孩子需要的学习方法来保持孩子的学习欲望。

即使不会写汉字，他们也能在电脑上输入汉字，并且能准确无误地转换汉字。只要能够掌握汉字的正确用法，我认为这对孩子来说就已经很好了。

学习没有唯一正确的方法。

如果出现了 ChatGPT 这样的新技术，就可以多学、多用。

这是我有关学习的基本立场。

这也是我为什么认为熟练使用 AI 具有必要性的原因。

如果你坐在一辆自动驾驶汽车里，却不知道它是如何控制的，那么一不小心就会发生事故。这与全盘接受生成式人工智能中给出的答案是一样的，即不会使用人工智能。

使用人工智能需要学习什么？

在这里不可能一一解释，但目前最好先了解其大致结构。

例如，你能回答以下问题吗？

"AI 深度学习的原理是什么？"

答案是，通过一种可以模仿人脑学习的计算机程序。

那么下面这个问题呢？

"什么是大规模语言模型？"

答案是，计算机中像玩联想游戏一样一个接一个地拼出单词的一种系统。

因此，在对问题有所了解的程度上研究该机制，与在对问题一无所知的情况下使用该机制，两者之间应该有很大的区别。

你还需要能够检测生成器 AI 生成的内容是否出自网络，并自行纠正或明确说明引用来源。

要做到这一点，你需要学会使用"剽窃检查功能"，如前所述。

这不仅仅是生成人工智能的问题，用户还需要知道自己是否侵犯了版权或引用了互联网上的内容。

我们在技能重塑中追求的是"兴趣×AI"

"如果我学会了这门新知识,我就能在下一份工作中运用它。"

"如果我学会了这个,我就不会丢掉工作。"

提到技能重塑,我们会觉得很多人都有这样的心态。

例如,学习编程可能是技能重塑中一个典型的选择。

有些人试图学习编程的基础知识,认为如果不学就会被淘汰。

我们希望人们意识到,这种"追随未来"的技能重塑在未来将难以生存。

现在,会编程的人不计其数。

而且,我们生活在一个人工智能可以为你生成程序的时代。

如果现在以后来者的身份进入市场,将很难取得成功。

这一点我已经说了很多年。

相反,重要的是用新的思维方式进行技能重塑。

我认为,未来需要的技能重塑是"磨炼自己在专业领域的知识和技能"。

正如我在前言中提到的,我认为极致打磨自己的知识和技能使"我在这个专业领域的能力不亚于人工智能"是一种能够在未来时代生存下去的技能重塑。

编程也是如此。

"我极度热爱计算机。"

如果你是这样的人,那么在充分利用高配置计算机和人工智能的同时,追求编程将是技能重塑。

如果你只是因为"据说编程是当今时代的必备技能"而想学习编程,那么我认为你不应该这样做。

那么,我们应该从什么角度来对待技能重塑呢?

首先,我们可以回顾一下自己的经历,问自己以下几个问题。

"我原本喜欢做什么?"

"我小时候喜欢做什么?"

这些正是你在思考技能重塑时应该参考的东西。

回顾过去，深入思考你的兴趣，或者你小时候的兴趣所在。这样你就可以选择使用人工智能来做各种事情。

"○○ × AI"，这是未来有关技能重塑的关键词。

此时重要的是"○○"部分，我们只需要将自己感兴趣的领域填入"○○"中就可以了。

例如，"艺术 × AI""音乐 × AI""写作 × AI""数学 × AI""英语 × AI"还是"体育 × AI"？是小众还是非流派并不重要。

想想如何在技能重塑中将你喜欢的、擅长的内容与 AI 结合起来。

相信你一定会找到线索的。

有些人可能会说："我们没有赶上近代的数字化浪潮，无法充分利用人工智能。"

但越是这样的人，就越有机会重新技能重塑"○○ × AI"。

原因在于，这种情况下，AI 才越有可能像救星一样弥补你的弱项，帮助你解决困难。

首先，请试着像"向 ChatGPT 问一个你不懂的问题"那样随意地使用 AI。

你会发现，在 AI 的帮助下，你的技能会得到提高。

通过"好奇心×AI"的技能重塑，每个人都能做到

关于技能重塑"○○×AI"，我还想说一个重要的观点。

企业界人士一般倾向认为的技能重塑是"我的工作×AI"。

但是，如果你想用眼前的工作来乘以你的AI，你就需要确定你是否真的喜欢这份工作。

这是因为，如前所述，关键在于要将AI与自己感兴趣的事情相结合。

"我喜欢摄影。"

"我喜欢旅行。"

什么都可以考虑，总之先试一试，看看是否能激发你的好奇心，让你觉得有趣。

"我怎样才能把我的爱好与人工智能结合起来呢？"

这是最理想的技能重塑方法。

这里又出现了一个关键词：好奇心。

我的好奇心之一就是捣鼓电脑。我沉浸其中，几乎废寝忘食。

当我思考我对电脑的好奇心能否与AI相结合并进行技能重塑时，我萌生了这个想法，并且我做到了。

我把我最喜欢的电脑变成了一门课，以"生成AI和编程课"的形式提供给我任教的自由国际学校的六年级学生。

这是一种新型思维模式，即把自己的喜好（好奇心）与"AI"结合起来，使其发挥作用。

下面是另一个案例。

这是我在加拿大留学时认识的一位日本朋友的故事。

他非常聪明，成绩优秀，在一家名叫普利司通的知名企业工作。然而，当我和他久别重逢并开始交谈时，他却告诉我说："其实，我已经从公司辞职了。我现在在插花。"

我感到十分震惊，没有马上明白他在说什么，就问他："插花……你是不是辞了职，开始在花店做兼职了？"

他神清气爽地回答说："不，我终于找到了我的人生目标。我现在在一家叫小原流的花艺学校当讲师。"

他接着说："我一直很努力地工作，但当我回顾自己的企业生活时，却发现自己一无所有。我以为我已经按自己的方式努力工作了，但当我到了快要退休的时候，我才意识到工作对我来说终究不是我的人生目标。"

现在，他终于找到了自己的人生目标，那就是插花。

他有时会来我任职的自由国际学校讲课，看到他的表情，我总觉得他很有活力。

他为什么要辞去名企的工作，全身心地投入插花事业呢？

原来，他的母亲之前是小原流花艺学校的老师，他从小就对插花耳濡目染。

即使在他参加工作之后，他也因为喜欢花和插花而继续从事插花工作，而且不等退休就把插花作为自己的人生目标。

我要向他提议的是"插花 × AI"。

这才是技能重塑的精髓，我相信这一定会让他进一步掌握知识、发展技能，在充分利用 AI 技术的同时激发他的好奇心。

将英语和 AI 融会贯通的关键在于用日语进行逻辑表达的能力

"我的工作业务需要用到英语。"

"我奉命调往国外，所以正在拼命学习英语。"

最近，这类案例的数量可能还在增加。在这种情况下，我不建议采用第 3 章中介绍的"英语和日语结合学习"的方法。为什么这么说呢？

如果你必须在商务活动中使用英语，或者被调往国外，最好集中学习英语。

如果尝试英语和日语综合性学习，就会养成某种习惯。

这就是不断在日语和英语之间进行翻译的习惯。

这意味着你必须在头脑中思考日语，然后将其翻译成英语，从而限制了你的听、说、读、写能力。

听英语并将其翻译成日语也是同样的道理。

正如我在第 1 章中提到的，也是我自己的体会，学习英语的最好方法是只学习英语，而不进行日语和英语之间的翻译。

即便如此，要在短时间内完全听懂或说一口流利的英语也并非易事，即便你必须在手头的工作场景和所处的生活环境中使用英语。

你能做些什么呢？

很简单，你可以试着将英语和 AI 融会贯通，通过综合性学习来做到这一点。

这意味着你可以通过 AI 来学习英语或将使用英语变成一种习惯，但这也是一个综合性学习的过程，类似于商务人士的技能重塑。

假设你在工作中需要准备一份英文报价单或合同，尽管你不会说英语。

在这种情况下，我们建议你毫不犹豫地使用 AI 翻译软件。

未来的英语学习应该不再那么注重英语听、读、写、说的能力，而更注重通过人工智能使用英语的能力。

但是，如果你要去国外生活或学习，那就另当别论了。

在这种情况下，你需要在不依靠人工智能的帮助下，自己做到听、说、读、写，因为你需要随时使用英语。

另一方面，如果你有时间学习英语，你可以先问问自己更喜欢哪种人工智能翻译软件。

谷歌翻译还是 DeepL？

这只有亲自使用才能知道。

当然，使用人工智能翻译软件并不能保证你能翻译出原封不动的报价单和合同。还需要对文本的通顺度和法律的合规性等方面进行检查。

如果你能自己检查文件，那是最好不过的了，但如果这很难做到，你就应该请身边擅长英语的人来做最后的检查。这与掌握 AI 的概念相同。

既然我们提出了要综合性学习英语和 AI，那么在这里，有些人可能已经注意到了一些东西。

语言的细微差别可以通过学习另一种语言来获得。

正如我们所说，未来取决于你能将 AI 软件活用到何种程度，但在大多数情况下，你将面临一个挑战：如何恰当地用你正在学习的语言表达自己，以更好地使用翻译软件。

如上所述，在使用 AI 软件制作商务中所需的英文报价单和合同时，最重要的技能是用日语进行逻辑表达的能力。

这就意味着，当把日语输入翻译软件时，必须以符合逻辑的日语书写，以便 AI 能够轻松地将其转换成准确的英语。

在使用 AI 翻译软件时，一旦作为源语言的日语文本中缺少主语、宾语、动宾关系等信息，就会出现混乱，文本往往会被错误翻译。

如果你能用符合逻辑的日语写出准确的信息，AI 就能将其翻译成更准确的英语。

利用 AI 将自己的想法和创意传播到全世界

"我想成为漫画家。"

"我想成为一名小说家。"

你可能会有这些梦想。

还有一些人可能已经放弃或濒临放弃梦想,因为他们认为,尽管他们热爱绘画或写作,但很难以此为职业。

然而,时代正在发生变化。

通过与 AI 合作,你有更大的机会将梦想变为现实。

例如,如果你想成为一名漫画家,你或许可以画几幅漫画,但也可以请人工智能进行加工处理。

另外,如果你喜欢写作,也可以让 AI 来修改你自己的文章,以完成一份反复推敲后的手稿。

我们正在进入这样一个时代。

你听说过设计式人工智能吗?

顾名思义,设计式人工智能多用于艺术和设计领域。

随着深度学习的发展,人工智能的应用范围已经扩大到艺术和设计等创意领域,人工智能可以帮助艺术家或设计师更好地完成这些工作。

这是技能重塑中不容忽视的。

例如,它可以根据文本生成图像和设计图像,或从大量设计数据中即时推荐适合应用的模式。设计式人工智能的其他功能还可用于图像编辑和徽标创建。据预测,未来设计式人工智能将在越来越多的场景中取代人类创作者和设计师。

也许在未来,借助设计式人工智能制作的自己的漫画原稿或小说原稿,交给出版商出版的可能性会增加。或者,你也可以在网络等地方发布自己的作品。

如今,将自己的爱好变成事业的可能性不断增加。

"真正的艺术家完成伟大的作品。"

这是苹果公司创始人史蒂夫·乔布斯在开发第一台 Macintosh 电脑时说过的

一句名言。

当 Macintosh 电脑的开发被推迟，即将无法如期推出时，乔布斯说了这句话来激励他的员工。

作为一名科普作家，备受爱戴的乔布斯的这些话对我来说就是一句格言。

我对他这句话的理解是："在这个时代，无论你有多么伟大的想法和思想，如果你不赋予它形式，不把它公诸于世，它就不会被传播，就会被埋没。"

这就是为什么我尽我所能让我的想法和作品走向世界。为了实现这个目标，我会利用一切手段，甚至是人工智能。

但是，仅仅依靠 AI 是不够的。如果把漫画和小说等创作工作交给人工智能来完成，最终就会出现大量相似的作品。

这就是创造力或"原创想法"的重要性所在。

"画得不好。"

"文笔不是很好。"

设计式人工智能可以帮你解决这些问题。

但是，作品的原创性，也就是原始创意，是一个必须由人来思考的领域。

为了培养这种创造力，必须通过深入学习和综合性学习来获取广泛的知识，然后培养"思维意识"——这是我将在下一章中介绍的内容。

第 5 章

"思维意识"和"身体力行"
能够将
知识转化为终生的"智力"

"不属于自己的语言"既不自然，也让人难以理解

首先，我想介绍一下利用综合性学习增强思维意识的方法。

听到"思维意识"这个词，我首先想到的是文字的思维意识。

语言影响思维，思维也受到语言的影响，所以我想在思维意识的思考中用语言的选择来举例子。

例如，我是一名翻译，那么我们就从"英日互译 × 自然日语"的角度来思考。

问题是，"将英语翻译成日语时，如何用自然的日语表达"？这不仅是学生的难题，也是商务人士的难题。

让我先以我的自由国际学校的孩子们为例。

我的学校里有会说双语的孩子，所以当我要求他们将英语句子翻译成日语时，他们在小学中年级之前都能比较自如地完成。

孩子们自己阅读和理解英语，然后再以某种方式理智地将其翻译成他们习惯的日语。

我认为，在小学中年级之前，这是一种自然而正确的方法。

但是，到了高年级，这种情况就会发生一些变化。这可能是因为他们开始习惯使用字典，词汇量也增加了。

令人惊讶的是，他们希望直接使用字典中的单词。

例如，"勤奋"和"毅力"等难懂的中文词语。这些词可能是孩子们在日常生活中从未使用过的。如果将这些字典中的单词原封不动地连接起来，它们的英日互译会是什么样子呢？可想而知，其结果就是所谓的"直译"（日语），让人感到不舒服。

只有在学校测试或考试时，你才能通过这样的直译得到正确答案。即使日语有点奇怪或难以理解，在需要准确翻译的考试中也不会得不到任何分数。

然而，直译、难以理解的英日翻译在学校可能还可以，但在商业环境中却毫无用处。

因为这样的文章不仅不是自然的日语，而且读起来也没有意义。

我可以肯定地说，因为我自己多年来也是这一群体中的一员。我之所以能这样说，是因为我本人从事了多年的商务翻译工作。

当我把英语文章翻译成日语时，我总是注意不使用不常见的词语，以使日语听起来自然。无论字典里有多少单词，我都尽量不用不认识的单词。

这是我们提高思维意识的方法之一。

我相信你们有自己的单词库。

我也相信，你们一定有从出生到现在从未使用过的日语单词。

翻译时不应该使用这些词语。这是因为从来没有用过的词就不是"你的"，生搬硬套的话，别人就很难理解你。

在我的翻译工作中，有很多词我都不知道该如何翻译。

"dynamics"就是一个例子。

作为名词直译为"动力学"，但你读到"动力学"这个词会立刻理解吗？

大多数人可能无法理解这个单词具体的含义。

换句话说，这不是自然的日语。

首先，力学由两部分组成：静力学和动力学。涉及物体运动的动力学称为动力学，而涉及物体静止状态的动力学称为静力学。既然存在这些差异，那么对于不熟悉动力学的普通大众来说，我们该如何翻译它们呢？我认为我们不应该简单地将其翻译为"动力学"。

重要的是根据上下文找到最合适的词，然后像拼图一样从脑海中把它拼写出来。

因此，我最终决定将其翻译为"力学"。

有意识地选择自然易懂的语言，消除"翻译腔"

关于将"dynamics"翻译成"力学"的故事还有后续。

让我再多说几句。

这本书出版后，我收到了一位物理学专家的来信，他说：

"此译文与原文不同。这是不准确的。"

的确，这位专家肯定对我把"dynamics"翻译成"力学"感到很不舒服。

不过，我仍然认为，我翻译成的"力学"才是该书的自然日语书名。

因为这本书不是为专业人士翻译的，而是为普通大众翻译的。

如果是对物理学不太熟悉的人，在"力学"一词之前加上"动"字，"动力学"一词可能会让人产生混淆。

对于那些能够明确区分动力学和静力学的人来说，最好将"dynamics"翻译成"动力学"。

然而，对于那些从一开始就无法区分两者的人来说，将其翻译为"动力学"并不是自然的日语。

经过多年的翻译工作，我明白了一个道理。

就是一流译者和二流译者的思维意识的区别。

如果一个译员每次翻译时都要逐词查字典确认每个单词的意思，那么他很可能是一个二流译员。

一流的译员则是用自己的话翻译，不需要查阅太多字典。

这是因为一流的译员脑子里装着所有的词，也就是说，这些词是"属于自己的"。

钢琴家也是如此。

如果一个二流钢琴家是通过看乐谱来演奏爵士乐，那么一流钢琴家则不看乐谱就可以进行爵士乐的自由演奏。

如果只能鹦鹉学舌、拾人牙慧，那是二流；如果把它变成自己的东西，那就是一流。

由此可见，在翻译的世界里，也有选择"自然日语"的思维意识。

在翻译中，思维意识就是"如何脱离字典，用脑海中的词汇表达自己"。

作为译者，我还有一个评判自然日语的标准：翻译出来的日语是否会让人察觉到翻译的痕迹。

我认为，自然日语会让读者在阅读时不会注意到这是一本翻译书。

这里有一些快速提示，可以帮助你更好地理解翻译。

当我还是一名翻译新手时，曾有一段时间我试图将英语句子逐句翻译成日语。

然而，当我继续从事翻译工作时，我意识到强行将英语句子翻译成日语句子必然会增加理解难度。

这是为什么呢？

因为这些句子采用了所谓的"翻译腔"。

这并不奇怪，因为英语和日语的语言结构不同。

例如，要把一个英语长句子用通俗易懂的日语表达出来，我们要把它分成两个短句，或者翻译成若干个自然、易读的日语短句，再组合成一段话。

这样，选择恰当的词语，不拘一格地进行翻译，锤炼语感，选择自然、易读、易懂的日语，就是语言翻译的秘诀。

然而，运用自然语言进行自由翻译与以自我为中心的翻译是不同的。翻译时应牢记的一点是准确传达原作者想要表达的意思。这一点不能忘记。

只要日语翻译传达了原作者的意图，即使译文与逐字翻译相去甚远，也是没有问题的。

这是因为，即使是译文，最好也能让读者以自然易懂的方式阅读。

注意选择通俗易懂的语言，增强语言的思维意识

英语中自然也存在着语言的思维意识。

当我想到英语中的语言思维意识时，我所推荐的综合性学习方式就是"英语 × 措辞能力"。

说到语言的思维意识，人们往往会想到一些"矫揉造作"的东西，但我反而认为，是如何自由地选择和使用语言，才会使交流变得自然而轻松。

我说英语时尽量避免使用拉丁语系的单词（这并不等于综合性学习英语和拉丁语）。

即使我知道这个词，我也尽量不用它。

例如，"眼科医生"的英语单词是"ophthalmologist"。

这就是所谓的拉丁语系的单词。

我不用这个词，而是用"eye-doctor"来代替，因为这个单词连孩子都能理解，虽然日语存在细微差别。这样，只需尽量避免使用长的拉丁词，就能提高语言思维意识。

我认为，这里重要的是要根据人和环境来选择词语。注意语境可以进一步完善你的语言思维意识。

这里还有一个例子。

例如，"花粉症"一词。在学术英语中，应该是"anthophobia"。

然而，在日常用语中使用"anthophobia"并不自然。

在美国、加拿大和英国等英语国家，人们通常使用"hayfever"一词。

选择这样通俗易懂、大家都熟悉的词语，可以提高英语思维意识。

我还想跟你分享一件事。

在与我共事过的许多商务人士中，有一种措辞方式，我觉得是不自然、不优美的。

这是一种将英语词汇与日语混杂在一起的说话方式。

在对话中夹杂一些英语单词，是为了显示"我对于这些单词掌握得很好"。

然而，就我而言，我不禁要问："你为什么需要特意用英语说这个词呢？"

说"商务用语"听起来不错，但如果把日语中很好理解的单词用英语来代替，就需要慎重了。

因为这样会失去选词时的思维意识。

例如，你是否听过下面这些话，并觉得"听起来不太对劲？"

"那件事情，我会去请示（hearing）我的领导，然后尽快给你答复。"

在日本的商务场合中，"请示"似乎是指"倾听对方说话以收集信息或获得确认"。

但是，英语中的"hearing"一词比较被动，有"听觉、听力"或"听证会"的意思，因此用"hearing"来表示确认的意思并不符合英语的原意。

如果要在上述对话中用英语表达"请示"的意思，严格来说，最好根据具体情况使用"询问（ask）"或"确认（confirm）"等词。

从思维意识上来说，与其在日语中强行插入英语，不如单独用日语表达更轻松自然。

然而，新概念层出不穷也是不争的事实，尤其是在 AI 行业。在这种情况下，没有时间将每个新词翻译成日语。

因此，很难将只能用英语表达的词语翻译成日语。

在这种情况下，请记住，英语与日语混用并不会影响你的思维意识。

通过古典艺术和意大利语的学习,提升思维意识

下一个提升思维意识的综合性研究是"古典艺术 × 欧洲语言"。

当我们研究提升思维意识的语言措辞时,不能忽视艺术和历史的存在。

因为学好艺术和历史,就能意识到自己的思维意识本身。

我想与大家分享的是"古典艺术"与"英语以外的欧洲语言"的综合性学习。

我想和大家分享的的一个熟人的例子,他有一个关于这种综合性学习的故事。

我曾与岩渊润子进行过一次谈话,她是美术馆运营和管理研究等方面的专家。

岩渕女士给我们讲了一个她在美国一所大学读书时的故事,她说,为了成为一名美术馆研究专家,她最初曾试图深入学习当代艺术和英语。

然而,她当时的导师建议她:"要想成为美术馆专家,仅仅学习当代艺术和英语是不够的。你至少需要学习几门欧洲语言。"

由于意大利语是艺术专家领域所需的典型语言,岩渕女士决定采纳导师的建议,集中精力学习意大利语。

有一天,她参加了意大利语考试,如果能通过考试,就能获得奖学金。

最终,她以优异的成绩通过了考试,达到了获得奖学金的要求。

尽管如此,岩渕女士还是很纳闷,为什么她的导师告诉她,要想成为美术馆专家,就必须学习一门欧洲语言呢?

一段时间后,岩渕女士有机会前往意大利佛罗伦萨学习古典绘画。

岩渕女士说,在那里的经历彻底改变了她的人生观,包括她迄今为止所学到的东西。

她说:"我一直在学习当代艺术,所以我一直认为古典艺术并不重要。但当我在佛罗伦萨看到一幅古典油画时,我一下子就被它吸引住了。"

从那以后,岩渕女士下定决心重新学习艺术史。

她发现,学习艺术史需要阅读各国专家撰写的文献和论文,而过去学过的意大利语对她帮助很大。多年后,当她再次见到当时的导师时,她向他提出了如下问题:

"为什么古典绘画会对我产生如此大的影响？"

她的导师回答道：

"很简单。你看，一方面当代艺术是一种尚未被淘汰的艺术。你现在看到的当代艺术百分之百是现在的。你认为 100 年甚至 500 年后，还有多少当代艺术存在？"

他这样向岩渕女士解释，并接着说：

"另一方面，你在佛罗伦萨看到的画作在 500 多年后的今天依然存在。当然，这只是当时 100% 的绘画作品中的 1%，甚至是 0.1%。既然能够流传，必定有它的理由。"

导师的话让岩渕女士心服口服。我怀疑她的导师可能与岩渕女士有过类似的经历，虽然这只是我的猜测。

也许他自己也觉得有必要在研究自己擅长的西方古典艺术的过程中学习一门英语以外的欧洲语言。

现在，岩渕女士正在利用她通过这种综合性学习获得的知识，对当代艺术作品进行评价。

只有身体力行，才能够掌握知识

听到"身体力行"这个词，你会想到什么？首先，让我们简单解释一下这个词的含义。

身体力行不仅是一个描述我们通过身体感受和感知的术语，也是人类感知和行动的基本组成部分。身体力行意味着我们先要了解自己身体的特征，并利用这些特征在社会中感知和行动。

理解身体力行常用的模型之一是"人造体"（homunculus）。

请看插图。这是一幅相当奇怪的插图。这幅插图展示的是加拿大神经外科医生怀尔德·格雷夫斯·彭菲尔德等人绘制的人造体。

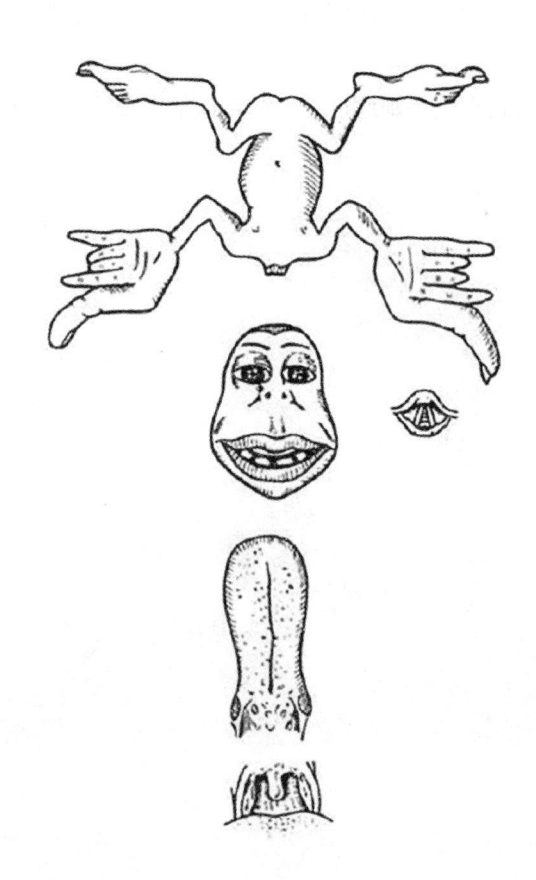

人造体是人体部位的插图，人体部位的大小与大脑活动区域的大小相对应。

彭菲尔德和博德雷描绘的人造体。身体各部分的大小根据运动皮层活动区域的大小而变化。[资料来源：改编自彭菲尔德和博德雷，1937 年（Penfield and Boldrey, 1937）。]

例如，让我们先看看手的大小。

你可以看到人造体的手很大，拇指很长。人类总是用手来建造文明，因此，大脑中与手和手指相对应的活动区域大也就不足为奇了。

换句话说，大脑的日常活动影响着身体各个部位的感觉和运动。

现在，让我们回到主题上来。

你可能会不假思索地使用"身体力行"这个词，但实际上，身体力行与学习之间有着密切的联系。

我们在学习任何知识和技能时，无一例外都是通过感觉和经验来学习实践过的东西。

这种以身体感觉为基础的实践学习可以说是人类与人工智能的区别所在。

然而，在技术驱动的人工智能时代，信息泛滥，通过感官和经验进行实践学习的机会正在减少。换句话说，就是用身体力行进行实践学习的机会正在减少。

当你试图学习某种知识和掌握某种技能时，如果不通过感官体验进行实践学习，你就无法以身体力行的方式进行学习，即真正"拥有"。

例如，在第 4 章关于圆周率的讨论中，你只是读了一本数学教科书，然后想"哦，原来是这么推导出来的"，那么这就不是你自己的学习收获。单纯地背诵学校教授的圆周率正是这种情况。

喜欢数学的人实际上是在尝试用自己的身体重新构建证明。将数学与烹饪相比较，也许更容易理解这一点。

即使你知道菜谱，但在真正尝试烹饪时，却不知为何总是做不好。因此，通过不断尝试和犯错，你最终可以完善自己的菜肴。

圆周率也是一样。你可以从面积入手，但也可以换一种方式来体验它。为此，你可以在圆中画一个三角形，然后计算三角形的周长。在这个过程中，你可能会碰壁。

例如，在这个过程中，你可能会发现"勾股定理"。通过亲身参与，我们可以逐渐掌握知识。

为了方便计算，首先需要自己画图（见下图）。

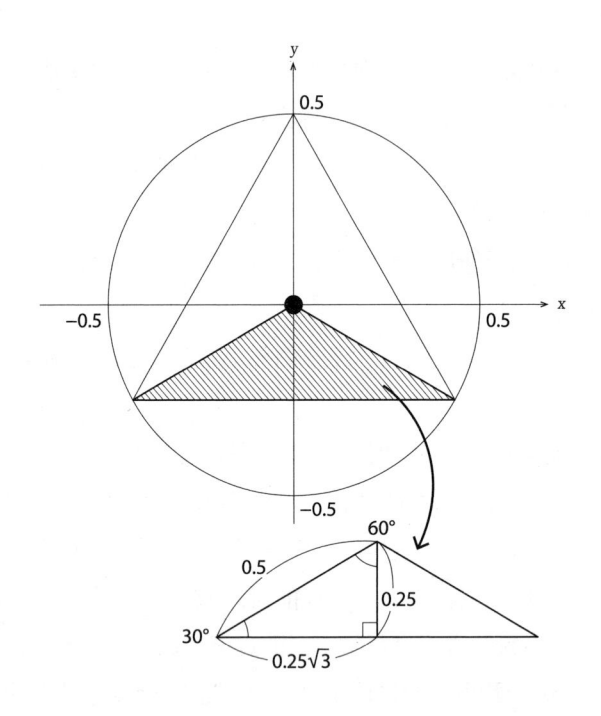

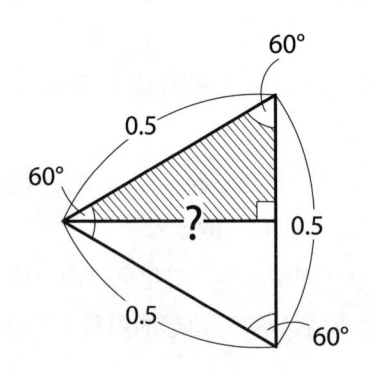

你可以自由发挥。画一个直径为 1 的圆，然后在圆中画一个等边三角形。

然后，请将注意力集中在等边三角形的某一部分上。在这里，你会发现一个直角三角形，它的边长比是"1 比 2 比根号 3"，这是我们在学校里都学过的。没错，这就是三角尺的形状。

如果你不记得"1 比 2 比根号 3"，请试着用勾股定理求一个边长为 0.5 的等边三角形的高。

如果把高度看作未知数，用"？"来表示，根据勾股定理，应为：

$0.5^2 = 0.25^2 + ?^2$

根据上述等式，我们可以计算出"？"$= 0.25 \times \sqrt{3}$。

如果我们到这里都能理解，我们应该知道等边三角形内切圆的周长是 $0.25 \times \sqrt{3}$ 的 6 倍，如果我们记得 $\sqrt{3}$ 的近似数是"1.73"，那么 $0.25 \times 1.73 \times 6 = 2.595$，我们可以计算出近似数是 2.6。

如果你画一个以圆为周长的正方形，你可以看到它的周长是 4，因此你可以理解周长是介于 2.6 和 4 之间的数字。

如果我们用正六边形而不是等边三角形来做同样的事情，π 的下限就会变得更加精确；如果我们使用正八边形，就能进一步缩小 π 的数值。

这样，只要身体力行地学习数学，数学就能被你掌握，成为终身受益的知识。

掌握身体力行的最佳学习方法是训练"耳朵"

这里有一个通过综合性学习的方式，身体力行掌握知识与技能的例子，它就是"音乐和英语"。

你可能已经猜到了，音乐和英语是一种典型的组合。

从学习演奏乐器的角度来考虑音乐可能更容易理解。例如，如果你想学习弹钢琴，首先你要按照乐谱弹奏。这是最基本的要求：看着乐谱准确地弹奏。

但是，如果只从基础学起，就无法提高。学会基础知识后，其次就是加入自己的编曲。

具体来说，你可以尝试改变和弦，或者添加一些其他音符进行演奏。当你添加这些心思进行编曲时，你就能创造出属于自己的乐句。

最后，你会爱上自己创作的乐句，于是你可以慢慢积累几个乐句模式，当你能自然地体验声音的流动时，你就能开始即兴演奏了。

这就是身体力行的结果，这是所有乐器的共性，而不仅仅是钢琴。同样的练习模式也可以用来学习英语。第一步是学习基本词汇，掌握基本语法和发音。

在此基础上，通过积累常用单词和短语，以及标准表达和短语，甚至是会话中使用的短语，最终形成自己独特的英语表达方式。

用自己的方式演奏乐器，用自己的方式说英语。这就是"掌握"知识和技能的精髓。

不可否认，这些都是你身体力行的结果。

那么，无论是音乐还是英语，我们究竟该如何培养自己做到身体力行呢？我认为最主要的是训练你的"耳朵"。

正如在学习音乐或英语的体能训练中常见的那样，许多人似乎无法用耳朵识别音乐或英语的"声音"。这似乎是通过身体力行掌握音乐和英语的一大瓶颈。

有一个简单的方法可以检查你的耳朵是否能识别声音。

音乐方面……请检查一下你能否用耳朵识别出一首你听到的歌曲。

英语方面……请看一看你是否能跟读出所听到的英语。

能够用耳朵复制一首音乐意味着你可以在听到这首歌时自己再现它。这同样适用于英语，你可以听到一个英语单词后跟读出来。

要想用耳朵识别一首乐曲，或者要想读出英语，就必须能够根据音阶和读音，通过耳朵来重现乐曲。这就需要身体力行的习得，而训练耳朵是最理想的方法。

"问题在于，训练耳朵不是需要很多时间吗？"

"这不就是有些人拥有的绝对音感吗？这是天赋吧？"

有些人可能会有这些疑问。

的确，演奏乐器或学习英语不是一朝一夕的事。

然而，即使是专业音乐家也不一定有绝对音感，事实上，他们写的歌和演奏的乐器和弦都非常简单。

英语也是如此。并不是说你必须用你为考试而学习的英语词汇才能说英语，你只需要掌握说母语的人所使用的简单单词和语法就可以了。

如果从我们日常生活中使用的日语的角度来思考，答案就会越来越清楚。

在学习音乐和英语时，将所学知识结合起来比记住数字更重要。把什么声音组合在一起？哪些单词与单词相结合？试着用这些组合来发展你的听力技能。

训练听力的一个好方法是听西方音乐、唱歌或表演。你还可以用英语观看外国电影、戏剧和动画。学会将音乐和英语融为一体，而不是专注于其中之一，这将有助于训练你的耳朵，并最终训练你身体力行的能力。

我希望最终能通过身体力行来做到"独属于我的自由创作"

关于身体力行和思维意识，我还想告诉大家最后一件事。

在第1章中，我和大家分享了一个小插曲，我利用姑妈给我的参考书和练习册来学习，成绩很快就提高了。

当时，我利用这些练习册，不厌其烦地反复解题。

其实，这也与身体力行的学习紧紧联系在一起。

要掌握和发展知识与技能，就必须亲自去写、去看、去记，然后再写、再记。要想突飞猛进地掌握和发展知识与技能，而不是死记硬背，我们就需要用身体来学习。

请以儿童写作为例进行思考。

在我所在的自由学校，我们非常重视在课堂上鼓励孩子们自由写作，以做到身体力行。

你可能会觉得孩子们的写作很拙劣，但这是因为他们在尝试用自己的语言写作。

换句话说，我们是先训练孩子们的身体力行，再培养他们的写作能力。

那么，从头开始思考和写句子的身体力行的基础是什么呢？答案是阅读。

无论是儿童还是成人，是否养成阅读的习惯，其内心积累的词语和表达方式的数量也大不相同。

阅读对选词、对写作、对思维意识的培养影响巨大。

因此，我不仅经常向孩子们强调阅读的重要性，也经常向他们的父母强调阅读的重要性。因为我相信，阅读习惯对孩子的写作能力和表达能力有很大的影响。

孩子的写作能力从无到有，重要的是他或她接触词语的程度。就像弹奏乐器或学习英语词汇一样，让孩子掌握一定的句式和表达方式非常重要。事实上，这甚至可能是一个决定性因素。

我之所以建议现在就尽可能多地阅读书籍，是因为这将有助于他们在写作中收集词语和表达方式的"素材"。

事实上，不仅是孩子，成年人也会很自然地这样做。

你可能有过这样的经历。

你在看书时遇到一个不认识的单词。

你会带着疑问通过网络或字典查询它的意思，然后，你可能会了解到这个词的意思，并觉得："这种说法很酷。下次我也要尝试这样说"。

如此一来，你可以模仿掌握的新单词，也可以原封不动地使用其中的一些单词，或者稍加改动后使用……每个人都经常这样做。

无论意识到与否，成年人每天都会掌握新词和新表达，并通过实践进一步将它们变成自己的知识。

简而言之，提高词汇量和表达能力最有效的方法就是通过阅读来收集和使用词汇和表达方式。

这就是为什么我鼓励孩子们通过阅读来写作，我希望他们最终达到的目标是能够"自由而独特地即兴创作"。

这是因为作文的重要意义在于用自己"创造"的词语和表达方式来概括和表达"自己"的思想和观点。

同样，在我看来，学习的目标之一，就是通过阅读和写作身体力行地积累属于自己的词语，并能够在选择词语和表达方式的思维意识基础上，形成自己的思想和观点。

数学和科学也是如此。

如前所述，在数理学科中，没有身体力行的知识，只是简单地记忆公式和原理是不够的。

即使记住了，最终也会遗忘，所以这并不能带来真正的学习，也远远不是可用的知识，这是非常可惜的。

我认为，获得终身受用的知识的方式，就是要能够用自己的思维意识，用自己的方式，把通过身体力行获得的、属于自己的知识和技能表达出来。

陆

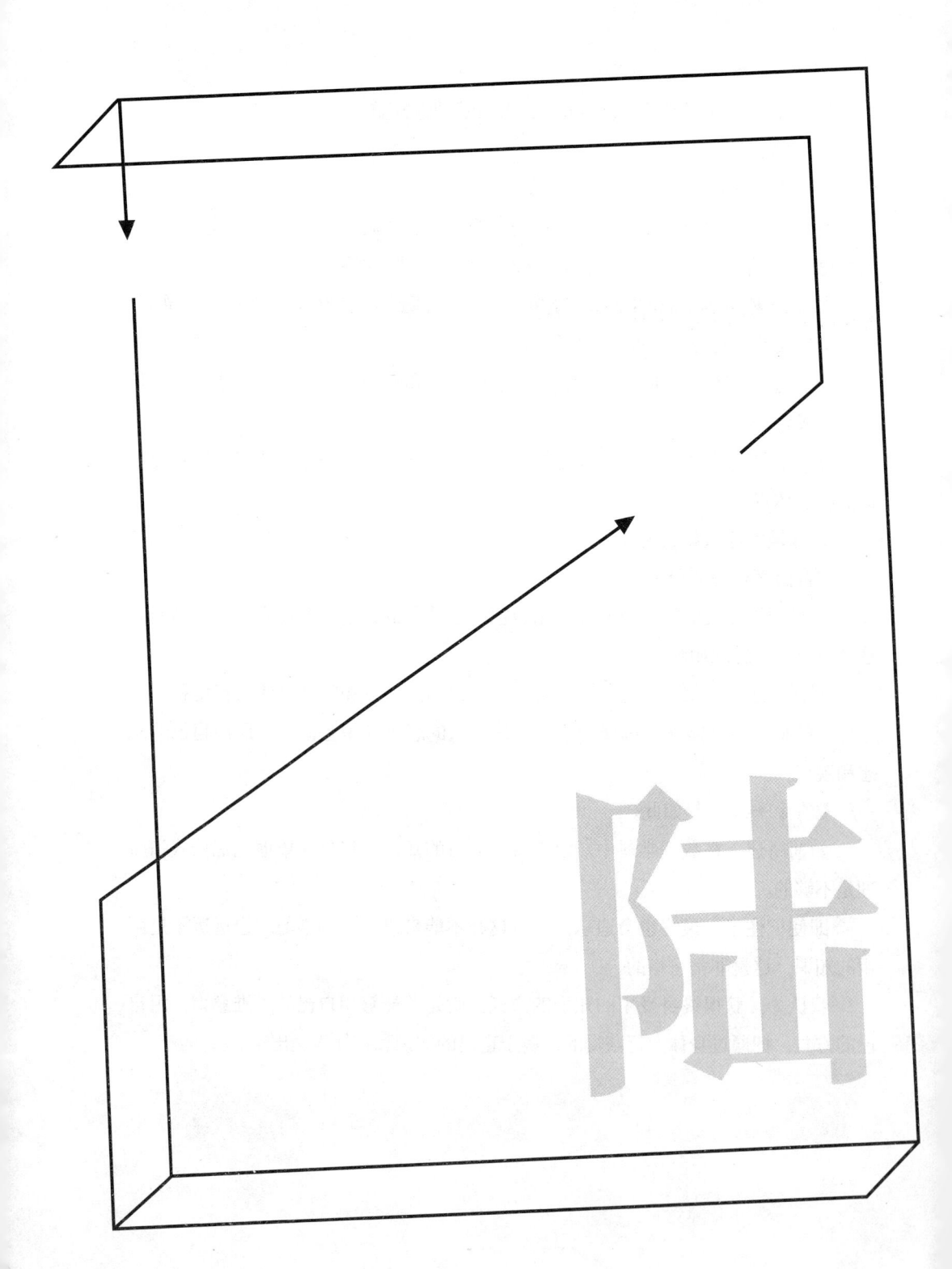

第 6 章

为了未来的美好生活，掌握"学习指南针"

"梦想 × 榜样"，通过综合性学习不断挑战自我

"有了新的价值观和新的思维意识，就会诞生新的梦想。"

我一直坚信这一点。

为了实现这一点，我的自由国际学校开设了一些课程，让学生通过继续发挥"榜样"的积极作用来思考未来。

这里的"榜样"指的是能作为"模范"的人。

学生们在思考自己的梦想和未来想从事的工作时，会聆听和观察榜样的言行，并思考"我也要像他们一样"。

在商界，榜样也是指那些对自己的职业发展起到示范作用的人。这是因为他们可以从榜样身上学到具体的行为、思想和技能。

具体来说，我在自由国际学校上榜样示范课时，会提前给学生布置作业，比如"请研究并写下你的榜样"。

然后，学生们会选取不同的人，写下自己将来想成为什么样的人。

当然，这并没有结束。

在课堂上，我们会邀请活跃在各个领域的人物担任特别讲师，请他们讲述自己的真实经历。

例如，我们曾经请来了山崎直子，她在 2010 年成为历史上第二位在国际空间站（ISS）短暂停留的日本女性宇航员。

山崎女士分享了她如何成为宇航员的各种故事，这对那些有兴趣成为宇航员或将来想在太空工作的孩子们来说是一次很好的体验。

几年前，活跃在包括大型历史剧在内的多部影视剧中的女演员南泽奈央女士曾访问过我们学校的夏令营。

我学校里有一些孩子想要就读于表演学校，因此他们非常高兴地聆听了南泽女士的讲座，并且很受启发。

很多孩子对科学世界也很感兴趣。

因此，我们邀请了在世界各地挖掘、考古古生物化石的著名恐龙研究专家，

也是被亲切地称作"恐龙小林"的小林快次先生来我校做客。

如此一来，无论是喜欢恐龙的学生，还是从未对恐龙感兴趣的孩子，似乎都产生了一个梦想。

"我也想亲自挖掘恐龙！"

这就是通过接触新的价值观和思维意识而诞生新梦想的时刻。

那一刻，我高兴得快要跳了起来。

我还邀请了时任无国界医生组织主席的加藤宽幸先生为那些希望将来成为志愿者的孩子们演讲。

这种接触新的价值观和思维意识的机会并不局限于我所在的学校，在商界也很常见。

例如，当公司邀请名人为员工举办讲座时，他们可能是希望员工从这些榜样身上获得一些启发。

通过这种"梦想×榜样"的综合性学习，人们会产生新的目标和希望。例如，"如果我像这个人一样努力，也许我也能像他/她一样"，然后朝着这个新目标努力。

这种价值观的形成和为之奋斗的态度令我感动。可以说，由此形成的目标是一种"难以放弃的目标"。

即使你认为自己没有梦想，通过这种"梦想×榜样"的综合性学习，你也可能会有所发现，开辟出一条新的道路。

要做到这一点，首先应该积极寻找自己的榜样。

例如，即使你认为自己没有什么兴趣爱好，只要听一次某个专家的讲座，也许就能改变自己根深蒂固的价值观和思维意识。

一旦有了这样的经历，你就能不怕失败，勇敢地向自己的梦想发起挑战。

从失败中汲取教训之后，带着能量强势回归

有些人因为害怕失败而逃避挑战。

失败确实令人不快。

失败会让我们焦虑和沮丧。

下面我想与你分享我的一个经历。

我小时候学过钢琴。在这个过程中，我明白了"不能从错误中学习"。

当你刚刚开始弹钢琴，而且弹得不是很好时，你总是会停留在同一个地方。

如果你想学好钢琴，就不要在遇到困难时止步不前。我的钢琴老师教过我，如果你想弹好钢琴，就必须一直弹到底，不因弹错而停顿。

因为如果停下来，你就会很容易一直在同一个地方犯错，弹奏的乐曲总是"磕磕绊绊"。

起初我并不理解，因为我的钢琴弹得并不好。每当我遇到困难时，我就只在卡住的地方练习。

每次重复练习时，我都会卡在同一个地方。就这样，我越学越无法长进。

我厌倦了这种重复，甚至一度想要放弃弹钢琴的时候，我的钢琴老师建议我说："就算弹错了，你也不要停下来，试一试一弹到底吧。"

听从了老师的建议后，我不再重蹈覆辙，反而顺利解决了自己的问题，逐渐加快了进步的步伐。

众所周知，在科学领域，失败的反馈是许多伟大发现的种子。练琴如此，商务也是如此。

我相信，针对失败的改进与反馈是个人成长和组织发展的源泉。

无论是钢琴练习还是科学或商业世界，重要的是要不断尝试，不要害怕失败，不因失败而止步不前。这样才能积累失败的经验，才能不断进步。

另一方面，如果你总是设法避免犯错，那么你一定会在某个时候犯下不可挽回的大错。

在很多情况下，有些人明明做得非常出色，却因为一次小小的挫折而备受

打击。

如果我们想当然地认为，因为害怕失败而不去尝试，就无法从小小的失败中积累反馈。害怕失败的人一旦真的失败了，他们会感觉到天崩地裂，产生深深的挫败感。

犯过很多小错误的人通常能从大多数错误中恢复过来。只要不断尝试，就会在某个地方取得成功。

然而，积极地看待失败和总结经验并不那么容易。人们喜欢隐藏失败，不愿直面失败。

一旦失败，人们就会心有余悸，冷汗直流，这是焦虑情绪的一种表现。

因为他们本能地知道，一旦失败，他们的自身安全将受到威胁。

这可能是因为在日本，人们仍然倾向于指责犯错误的人，诘问"你为什么要这样做？"和"你要为此承担责任"之类的话。

我们应该意识到，是时候结束这种倾向，改变我们的思维方式了。

人们在接受挑战的时候必然不是冲着"失败"去的。

我们应该知道，我们可以通过失败来了解不确定性，因为失败是在不确定的未来进行尝试的结果。

失败时，我们需要周围人的理解，包容不确定性；失败时，我们需要冷静客观地看待自己，包容自己。

如果不能做到这两点，当你犯错时，你就会担心后果，你立刻就会被周围追责的氛围所支配。

这样一来，你的情绪会越来越低沉，从而逃避接受挑战。

改变我们对失败本身的看法是很重要的。

美国国家航空航天局（NASA）的普遍看法是，"失败是必然的"

宇航员古川聪曾经做客我担任评论员的电视节目《科学 ZERO》。

当时正值年底，节目录制结束后，节目组工作人员举办了年终聚会，古川先生也参加了聚会，我们聊了很多。

当天录制了两个电视节目，古川先生一定很累，但他很开朗，给我们讲了很多有趣的故事。他为人很有亲和力，给我的印象是一个拥有善良本色的好人。

我想与大家分享一下，古川先生在美国 NASA 接受培训时的一个小插曲，它让我感受到了美国人和日本人对待失败的态度的不同。

一天，古川先生驾车行驶到 NASA 附近时，正好碰到交通信号灯坏了。

十字路口中间有一个长方形的红绿灯，一旦出现故障，所有灯都会闪烁红灯，因此我们很容易就看出来了。

即使红绿灯坏了，人们也会毫不犹豫地进入十字路口，互相礼让，顺利通过。

日本人在遇到同样的情况时能否如此冷静地做出反应，这一点值得怀疑，但为什么在美国，每个人都能冷静地相互礼让呢？

古川先生说，这是因为美国社会建立在"人都会犯错"的前提之上。

很多美国人从小就有这样的观念：即使不幸遭遇失败，也要冷静、正常地应对，所以无论失败有多惨，大家都能保持镇定。

他还给我们讲了下面这个故事。

有一次，古川先生在美国的房子里水管堵塞，停水了。他当时想，"糟了，这下麻烦了"，于是打电话请维修人员来修，他们接到电话后回答说："好的，我们马上过来。"

打完电话后古川先生松了一口气，但到了约定的时间，却没有人来。又继续等了几个小时，也没有人来……

当古川先生再次打电话时，他发现上一个电话的内容被理解错了，在他耐心解释之后，维修人员终于来了，但当时维修人员根本没有说任何道歉之类的话。

古川先生心想，"无论如何，这也太过分了吧"，当他委婉地提出抗议时，对方却说："Nobody perfect（人无完人）。""这种事情很常见"之类的话。

在日本，这简直不可想象（笑）。

"但在美国，这种事却经常发生。"

古川先生却开朗地笑了，并说了如下一段话。

的确，在美国，大家都有一个共同的基本认知，那就是"Nobody perfect（人无完人）"。

"每个人都会犯错，生活不总是一帆风顺"，这个通用的前提在整个社会中创造了一种"游戏性"，它像是社会系统的润滑油，使其保持良好的运行状态。

我觉得这是美国社会好的一面。

顺便提一下，NASA 是一个将宇航员送入太空的组织，这意味着它参与的工作涉及人的生命。

在日本人的印象中，这样的组织是绝对不允许失败的。

然而，古川先生认为，实际上美国国家航空航天局是一个"错误时有发生"的组织。该组织的共识是"我们应该齐心协力，减少失败的次数"。

这种氛围在日本社会并不常见。

如果像美国国家航空航天局（NASA）那样的"失败是必然的"的共识能够在日本社会普及，哪怕是一点点，也会为我们带来越来越多的新的挑战。

宾得挑战为 1% 的粉丝设计相机

"启动新项目。"

"开发新产品。"

这些对于任何时代的企业生存都非常重要。

在推进这些新项目时，一般都是由个人提出想法，在内部会议上进行讨论，只有得到上级领导或董事、总裁的首肯，项目才能顺利启动。

换句话说，无论想法多么新颖、多么好，只要上级领导、董事或总裁不同意，新业务就无法开展。许多商界人士可能都有过这样令人沮丧的经历。

最近，我一直在想，在这个时代，利用社交网站与外界联系可能更容易。

这意味着，如果你无法在内部开发新项目或新产品，你可以通过社交网站建立众筹。

众筹是"群众（crowd）"和"筹款（funding）"两个词的组合，是指通过互联网或社交网站向不特定人数筹集小额资金。

众筹的特点是，任何有想法或有意愿启动新项目或开发新产品的人都可以作为想法的发起人，任何对想法表示认同并希望支持它的人都可以作为支持者进行投资。

如果无法在公司内部获得批准，可以设立一个众筹项目，看看是否有支持者。

如果这个项目能吸引到支持者，这可以用来说服上级领导或董事、总裁。既然有这么多支持者，这个项目（产品开发）就值得继续。

这里有一个案例供你参考。

宾得是一个著名的相机品牌。

然而，据说最近相机的销售情况不佳，宾得和其他相机品牌都在苦苦挣扎。

当其他相机品牌采取大规模生产战略时，宾得却采取了通过众筹开发新产品的战略。

2023 年 3 月底，宾得在众筹平台上推出了一个新产品开发项目，吸引了众多相机爱好者的关注，在短短一个月内就筹集到了约 2000 万日元的资金，是目标金额的两倍。

该新产品项目是开发全黑色的"JetBlack"机型，这款相机诞生于对众筹支持者的"粉丝见面会"调查。

你不觉得这是一种有趣的商业策略吗？

更让我印象深刻的是宾得发表的声明。

"我们只想把相机卖给1%喜欢宾得的人。"

这意味着有很多人喜欢宾得相机，只要有1%的人购买宾得相机，公司就能继续存在。换句话说，我们的目的是通过继续为这1%的人生产相机，为他们圆梦。

我喜欢相机，也是宾得相机的用户。

遗憾的是，我没能买到"JetBlack"，但我买到了后来推出的一款只能拍摄黑白照片的相机。这也是在一次粉丝见面会上进行调查后推出的另一款产品，现在已经成为一种流行机型。

宾得开发新产品的战略正是因为互联网和社交网络服务的广泛发展而形成的。

通过这种策略可以促进新业务的发展，这也是在未来社会中生存的另一个思路。

找到一个你热爱的领域，并保持比别人更"极致"的状态

我在本书的前言中提到，当今世界上持续活跃的大多数人都是某一专业领域的怪才。

这些人站在当今时代的最前沿，他们所创造的创新成果风靡全球。最后我想说的是，他们都有一个共同点：他们都是怪才。

听到"Apple"这个词，每个人都会想到史蒂夫·乔布斯，但史蒂夫·沃兹尼亚克同样是"Apple"故事的重要组成部分。

沃兹尼亚克是个不折不扣的天才，年仅13岁时就在一次科学竞赛中将晶体管拼接在一起制造出了一台计算机，从而赢得了比赛。

1971年，沃兹尼亚克和乔布斯在惠普公司实习时相识。如果沃兹尼亚克没有遇到乔布斯，他可能只是一个在自家车库里捣鼓电脑的"怪胎"。

沃兹尼亚克的技术，加上乔布斯创造的故事并将其推向世界，才让Apple发展成为如此庞大的公司。

说到当代的怪才，我们会想到埃隆·马斯克。

埃隆·马斯克最初在宾夕法尼亚大学学习物理和经济学。他最初的目标似乎是了解地球和经济是如何运转的。

之后，他进入斯坦福大学攻读研究生，本应学习高能物理，但只读了两天就退学了。

究其原因，当时互联网正在迅速普及，他受到向报纸和其他媒体推荐软件以协助开发网站等想法的启发，决定投身互联网世界。

顺便提一下，埃隆·马斯克也是一个电脑怪才，他10岁就自学编程，12岁就开始销售自己的游戏软件。

埃隆·马斯克是SpaceX、电动汽车公司特斯拉的创始人，他还因收购X（旧称Twitter）而闻名。

他有能力想出别人想不到的点子，也有热情去做自己喜欢做的事情。毫不夸张地说，他现在是世界上最大的怪才。

他是如何取得如此成功的？

天赋？品位？还是运气？我认为都不是。

他只是比别人更早追求自己所爱。

在公众眼中，这看起来似乎是他在引领时代，但实际上并非如此。我认为，这意味着他在自己的领域比任何人都更像一个极致的怪才。

我经常用"天才"和"怪才"来形容他们的思维方式，但我认为，那些碰巧以某种方式处于风口浪尖的"天才"，他们的能力并没有太大的区别。

现在站在人工智能研究前沿的研究人员也是如此。

他们从事研究的动机是"人工智能时代即将到来"，并不是"我要比别人做更前沿的研究"。

他们可能只是因为喜欢或觉得有趣才做研究。当他们意识到这一点时，他们发现自己已经站在了最前沿。

恰好，AI 的研究与当前的时代相吻合。所以他们只是碰巧出现在了聚光灯下。也许他们最后成了电脑怪才，却籍籍无名。

说到底，"爱好是最好的老师"。

我认为，在未来社会中最有效的生存之道就是"坚持做自己喜欢的事"。

如果你能创作出一个让人感同身受、贴近时代的故事，那么你的极致精神一定会迎来曙光。

祝大家学习愉快。

资料来源

前言

1.https://www.nri.com./jp/knowledge/report/1st/2023/cc/0526_1

2.https://jma-news.com/archives/aw_compass/3619

第1章

https://www.epson.jp/products/bizprojector/ekokuban/knowhow/pbl.htm

第2章

https://www.u-rokyo.ac.jp/ja/admission/adm-data/e01_011.html

第4章

1. 独立行政法人经济产业研究所，《AI对就业的影响：近期研究趋势》https://www.rieti.go.jp/jp/publiations/pdp/20p009.pdf

2.https://xtrend.nikkei.com/atcl/contents/18/00727/00001/?i_cid=nbpnxr_parenet(日经十字趋势《自助商店》最新报道)